August von Kotzebue

Die Indianer in England

Lustspiel in drei Aufzügen

August von Kotzebue: Die Indianer in England. Lustspiel in drei Aufzügen

Entstanden im November 1788. Erstdruck: Leipzig (Kummer), 1790. Uraufführung am 26.03.1789, Liebhabertheater, Reval.

Neuausgabe mit einer Biographie des Autors
Herausgegeben von Karl-Maria Guth
Berlin 2020

Der Text dieser Ausgabe folgt:
August von Kotzebue: Schauspiele. Mit einer Einführung von Benno von Wiese. Herausgegeben und kommentiert von Jürg Mathes, Frankfurt a.M.: Athenäum, 1972.

Dieses Buch folgt in Rechtschreibung und Zeichensetzung obiger Textgrundlage.

Die Paginierung obiger Ausgabe wird hier als Marginalie zeilengenau mitgeführt.

Umschlaggestaltung von Thomas Schultz-Overhage

Gesetzt aus der Minion Pro, 11 pt

Die Sammlung Hofenberg erscheint im
Verlag der Contumax GmbH & Co. KG, Berlin
Herstellung: BoD – Books on Demand, Norderstedt

Die Ausgaben der Sammlung Hofenberg basieren auf zuverlässigen Textgrundlagen. Die Seitenkonkordanz zu anerkannten Studienausgaben machen Hofenbergtexte auch in wissenschaftlichem Zusammenhang zitierfähig.

ISBN 978-3-7437-3584-2

Bibliografische Information der Deutschen Nationalbibliothek

Die Deutsche Nationalbibliothek verzeichnet diese Publikation in der Deutschen Nationalbibliografie; detaillierte bibliografische Daten sind im Internet über www.dnb.de abrufbar.

An meinen Freund Hueck in Reval

Lieber Mäster Strussel!

Mäster Staff schüttelt Ihm herzlich die Hand, und tut ihm kund und zu wissen, ohne irgendetwas Verdächtiges beiseite zu flüstern, daß er Ihn und Sein liebes Weibchen, und alles was Ihm angehört, liebt und lieben wird, nah und fern, jetzt und immerdar, solange wir zusammen die Komödie spielen, es geschehe das auf unserer kleinen Bühne, oder auf dem großen Theater der Welt. Das habe ich Ihm einmal gedruckt versichern wollen, weil ich es Ihm jetzt nicht mündlich sagen kann. In Jahr und Tag, wills Gott! geschieht das auch wohl wieder. Und hiemit Gott befohlen! Wohl bekomme Ihm Sein Honigbier!

129

Karlsbad, den 1. Julius 1790.

3

Personen

Sir John Smith, ein Podagrist, vormals ein reicher Kaufmann.

Mistriss Smith, seine Frau, ein deutsches Fräulein von Geburt.

Robert, Schiffkapitän,
Samuel, Zollinspektor, seine Söhne.

Liddy, seine Tochter.

Kaberdar, vertriebener Nabob von Mysore.

Gurli, seine Tochter.

Musaffery, sein alter Gefährte.

Fazir, ein junger Indianer.

Visitator.

Mäster Staff.

Mäster Strussel.

Bootsknecht.

Ein Knabe.

Rat Albaum.

Madam Höppener.

Anwalt Kiölbergh.

Assessor von Knorring.

Madam Hueck.

Sekretär Riesenkampff.

Fr. von Glehn.

Gerber.

Notarius Oom.

Friedrich Oom.

Präsident von Kotzebue.

Anwalt Hueck.

Sekretär Arvelius.

Harpe.

Die Szene ist in einer englischen Seestadt in Sir Johns Hause.

Erster Aufzug

Ein Saal mit einer Mittel- und zwei Seitentüren.

Erster Auftritt

Der podagrische Sir John auf einem Stuhle mit Rädern, sein krankes bewickeltes Bein vor sich ausgestreckt – Liddy sitzt neben ihm und liest ihm die Zeitungen vor.

SIR JOHN. Auweh!

LIDDY. Schon wieder Schmerzen?

SIR JOHN. Nicht anders als ob ein Pulk Baschkiren in jedem Fußzeh wirtschaftete.

LIDDY. Armer Vater!

SIR JOHN. Gute Liddy!

LIDDY. Wer doch helfen könnte!

SIR JOHN. Auch dieser Wunsch ist Arznei. Du bist ja das einzige Geschöpf hier im Hause, das meinen kranken Körper pflegt, und meine kranke Seele mit einem guten Wunsche erquickt.

LIDDY. Nicht doch! –

SIR JOHN. Ja doch! ja doch! Sieh, ich gebe dir das Zeugnis vor Gott, du bist der einzige Trost meines kränklichen Alters.

LIDDY. Sie vergessen, daß Sie Söhne haben.

SIR JOHN. Söhne? Nun ja. Ich Tor murrte mit der Vorsicht, als mir vor achtzehn Jahren eine Tochter geboren wurde. Söhne wollt' ich haben, Söhne! rasche flinke Bursche! die, dacht' ich, sind leichter versorgt, helfen sich besser durch die Welt – ja, ja, sich helfen sie durch, und lassen den armen kranken Vater im Stiche. Da ist der Samuel.

LIDDY. Seine vielen Geschäfte –

SIR JOHN. Pfui! Dankbarkeit gegen Vater und Mutter soll sein das erste Geschäft eines Kindes. Samuel ist ein Schleicher; und der Robert –

LIDDY *mit vieler Teilnahme.* Nun der Robert, lieber Vater?

SIR JOHN. Dein Auge glüht, wenn ich ihn nenne. Nun ja der Robert ist besser als sein Bruder, aber er ist ein Wildfang.

LIDDY. Er liebt Sie so zärtlich.

SIR JOHN. In einer Entfernung von tausend Meilen hab ich den Henker von seiner Liebe. Da kreuzt er auf unbekannten Meeren, von einem Weltteil zum ändern, indessen mir das Podagra durch alle Glieder kreuzt.

LIDDY. Wahrlich nur um Ihrentwillen läßt er sichs sauer werden. Vielleicht kommt er nun bald zurück. Ich sehe jeden Morgen nach der Windfahne, und wenn er nun mit einer reichen Ladung zurückkehrt, wenn er unsere Armut in Wohlstand verwandelt - - sehn Sie, lieber Vater, das vermag ein Sohn, die Tochter muß zu Hause sitzen, kann nichts tun, als ihren kranken Vater pflegen.

SIR JOHN. O das ist mehr, als wenn mir Robert die Leckerbissen beider Indien zuführte. Gute Liddy! wenn dein sanftes Auge so teilnehmend mit mir spricht; ich kann dir nicht beschreiben, wie wohl das tut. - Du denkst wohl manchmal, der Vater schlummert, wenn ich so mit geschlossenen Augen auf meinem Sessel sitze? - Nein Liddy, der Vater betet für dich!

LIDDY. Wie süß belohnend ist dieser Augenblick! *Sie küßt seine Hand.* Ihren Segen mein Vater! - *Sie kniet nieder an seinem Stuhl.*

SIR JOHN *legt die Hand auf sie.* Gott segne dich! und möchte die Natur mir nur noch so lange das Leben fristen, um diesen meinen herzlichen Vatersegen in Erfüllung gehen zu sehen. Gott segne dich!

LIDDY. Und meinen Bruder Robert -

SIR JOHN. Auch ihn! -

LIDDY. Und meinen Bruder Samuel -

SIR JOHN. Ich fluch ihm nicht.

LIDDY. Aber Ihren Segen -

SIR JOHN. Er hat den Segen der Mutter.

LIDDY. Lieber Vater!

SIR JOHN. Nun wohl denn! ich segne ihn! aber nicht als Vater, sondern als Christ. Steh auf.

LIDDY. Unseliger Parteigeist in einer so kleinen Familie.

SIR JOHN. Wer trägt die Schuld! deine Mutter! Wer quält mich armen Mann vom Frühstück bis zum Abendbrot? Wer wirft mir meinen

7

unverschuldeten Bankerott bei jedem kargen Bissen vor? Wer verachtet meine gute bürgerliche Herkunft und brüstet sich mit deutschen Ahnen? Wer läßt mich darben? Wer schwatzt unsern Mietsleuten das Geld ab, und verpraßt die schmalen Einkünfte, welche der Besitz dieses Hauses mir noch übrig ließ? Hast du es gehört, wie ich gestern abend um eine Pfeife Knaster, und eine Kanne Porter bat? – Samuel fuhr mit deiner Mutter in die Komödie, und ich mußte meinen Appetit verschlummern.

LIDDY. Bester Vater! es soll Ihnen heute an nichts mangeln.

SIR JOHN. Gute Liddy! Möchte doch irgendein braver wohlhabender Mann dich kennen, wie ich dich kenne! möcht er dir seine Hand bieten! Dann zog ich mit zu dir, und ließe mich von dir zu Tode füttern *Etwas leise auf die Tür gegenüber deutend.* der fremde Mann scheinet Wohlgefallen an dir zu finden.

LIDDY *betroffen.* An mir?

SIR JOHN. So scheint es. Nun er ist nicht jung mehr, aber bieder, und dein Herz ist ja frei?

LIDDY *verlegen.* Mein Herz ist frei.

SIR JOHN. Sieh, das wäre eine Versorgung für deinen alten Vater. Nun wir wollens der Zeit, und dem Schicksal anheimstellen. – Auweh! da zieht mirs schon wieder von der Fußsohle bis in den Schenkel.

LIDDY. Das viele Reden greift Sie an *Das Zeitungsblatt ergreifend.* soll ich fortfahren.

SIR JOHN. Tue das. Vielleicht gelingt es mir, ein wenig zu schlummern.

LIDDY. Aber täten Sie denn nicht besser, wenn Sie sich nach Ihrem Zimmer fahren ließen? Hier ist ja ein ewiges Laufen, ein ewiges Türenschlagen, bald hier bei uns, bald dort auf der Seite der Fremden.

SIR JOHN. Nein Liddy, ich bleibe hier im Vorsaale, denn dort keift mir deine Mutter den Schlaf vor den Augen. Was ists denn nunmehr? Laß sie laufen und Türen schlagen, so viel sie wollen; man kann sich an alles gewöhnen, nur nicht an die Stimme eines zänkischen Weibes.

LIDDY *liest.* Paris den 16. Januar.

SIR JOHN. Oder noch besser liebe Liddy! setze dich an dein Klavier, spiele oder sing mir was vor, dabei entschlummert man so süß.

LIDDY. Recht gern. *Sie setzt sich, ans Klavier und spielt oder singt so lang, bis sie sieht, daß der Alte eingeschlafen ist, dann steht sie auf.* Er schläft! sanfte sei deine Ruhe, und heiter dein Erwachen! Nun geschwind! – Tom wird schon lange auf der Lauer stehen. *Sie schleicht an ein Fenster und winkt und pstet.* Er versteht mich schon. *Sie kommt zurück und sucht aus ihrem Nähbeutel ein paar fertige Manschetten vor.* Wenn nur die Mutter mich nicht überrascht oder Samuel, der mißtrauische Frager *Nach dem Vater schielend.* oder wenn gar der Vater erwachte – o weh! – da wär ich in schöner Verlegenheit.

Zweiter Auftritt

Ein Knabe – Die Vorigen.

LIDDY *ihm auf den Zehen entgegenschleichend.* St! sachte! der alte Herr schläft.

DER KNABE. Habt mich verzweifelt lange warten lassen, schöne Miss.

LIDDY. Nun, nun, sollst einen Halfpence mehr dafür haben. Da nimm ein paar Manschetten.

DER KNABE. Wieder verkaufen?

LIDDY. Freilich.

DER KNABE. Wie teuer.

LIDDY. Drei Kronen ist der genauste Preis. Ich habe fünf Nächte daran gearbeitet.

DER KNABE. Darnach fragt der Käufer nicht. Wenns nur fein ins Auge fällt; ob fünf Nächte oder fünf Minuten daran gearbeitet wurde, das ist ihm gleichviel.

LIDDY. Plaudere nicht so viel, der alte Herr möchte erwachen.

DER KNABE. Nun ich gehe schon.

LIDDY. Warte! ich habe dir noch mehr zu sagen: Wenn du nun die Manschetten verkauft hast, so gehst du mit dem Gelde zu unserm Nachbar dem Gewürzkrämer Williams und kaufst ein Pfund vom besten Knaster.

DER KNABE. Wohl!

LIDDY. Dann holst du auch aus der Taverne unten an der Ecke ein Maß guten Porter; und wenn du alles beisammen hast, so stellst du dich wieder auf die Lauer, bis ich dir winke.

DER KNABE. Ich verstehe.

LIDDY. Nun lauf.

DER KNABE. Gott behüt euch schöne Miß. *Ab.*

LIDDY. Guter Vater! deine Wünsche sind so bescheiden, so eingeschränkt – Geschwind wieder an die Arbeit! *Sie zieht ein Nähzeug hervor.* Es ist so süß, für einen Vater zu arbeiten, und es geht so flink von der Hand.

134

Dritter Auftritt

Samuel mit Hut und Stock – Vorige.

LIDDY. Guten Morgen Bruder!

SAMUEL. Guten Morgen. *Für sich.* Hm! Hm! Ich habe doch wohl alles verschlossen? *Seine Taschen befühlend.* Da ist der Schlüssel zur Schatulle, da der zum Coffre, der zum Klavier, der zum Schrank – alles richtig! *Will fort.*

LIDDY. Das Wichtigste, fürcht ich hast du vergessen.

SAMUEL. Das Wichtigste? ich? – Was kann das sein? Antwort?

LIDDY. Dein Herz mein Lieber. Den Schlüssel hast du gewiß nicht bei dir. Es kommt mir vor als wenn die junge Indianerin hier im Hause ihn gestohlen hätte.

SAMUEL. Sei unbesorgt! – Zwar, die Tür hat sie leise geöffnet, und den Kopf ein wenig hineingesteckt, das gebe ich dir zu. Man ist leider nicht immer auf seiner Hut. Aber ich habe auf jeden Fall die gehörigen Vorkehrungen getroffen.

LIDDY. Vorkehrungen gegen die Liebe? – Ei laß doch hören!

SAMUEL *bedeutend.* Findest du etwa für nötig Gebrauch davon zu machen?

LIDDY *verlegen.* Ich? –

SAMUEL. Ja, du. Meinst du, ich erriete dich nicht? Der junge Narr von Indianer, den unser Bruder Robert auf der See mit herumschleppt, und dessen Schicksal er so geheimnisvoll verschweigt –

10

im Vertrauen, der junge Laffe hat das Herz meiner Schwester Liddy mit auf Reisen genommen.

LIDDY. Du nennst ihn einen Narren, einen Laffen? und Liddy soll sich in ihn verliebt haben?

SAMUEL. Doch, doch! Sie hat sich vom Teufel blenden lassen. – Sieh nur Schwester! wenn man des Tages wohl zwanzigmal ans Fenster läuft, um zu sehen, ob der arme Bursche auch guten Wind hat. –

LIDDY. Nun das tu ich um Bruder Roberts willen.

SAMUEL. Bruder Robert hat vorher auch schon manche Reise gemacht, und Schwester Liddy hat sich nie so jämmerlich gebärdet, als das letztemal. Aber unterbrich mich nicht. Wenn man ferner rot wird, so oft dieser oder jener einen gewissen Namen ausspricht; wenn man eine gewisse Silhouette in seinem Taschenbuch mit sich herumträgt; so frag ich: ist das Liebe? Antwort: ja!

LIDDY. Und ich frage: Wenn man seiner Schwester Taschenbuch ohne Erlaubnis durchsucht; ist man dann ein Spitzbube? Antwort: ja!

SAMUEL. Wer kann dafür, wenn andere Leute mit ihren Taschenbüchern nicht so vorsichtig umgehen, als ich mit dem meinigen?

Vierter Auftritt

Mistriss Smith – Die Vorigen.

MISTRISS SMITH. Sehr nobel! wahrhaftig! wenn des Mittags die Tafel serviert ist, dann schwärmen sie alle herbei wie die Wespen, aber wenn ich des Morgens ein Gebetbuch in die Hand nehme, um mich mit meinem Schöpfer zu entretenieren, dann läuft der eine hier-, der andere dorthin.

SAMUEL. Amtsgeschäfte, gnädige Mama.

MISTRISS SMITH *zu Liddy.* Und du?

LIDDY. Ich habe dem Vater die Zeitungen vorgelesen.

MISTRISS SMITH. Doch hab' ich euch schon lange miteinander schwatzen hören. Was betraf denn der Diskurs?

LIDDY. Ich scherzte mit meinem Bruder.

SAMUEL. Und ich sprach sehr ernsthaft mit meiner Schwester.

MISTRISS SMITH. Wovon aber?

11

LIDDY. Von dem wilden jungen Mädchen, das seit vier Monaten in unserm Hause wohnt.

SAMUEL. Von dem wilden jungen Burschen, der seit Jahr und Tag mit Bruder Robert in der Welt herumschwärmt.

LIDDY. Sie hat ihn trotz seiner Vorsicht überrumpelt.

SAMUEL. Er hat sie trotz ihres Leichtsinns gefesselt.

MISTRISS SMITH. Ihr scheint beide recht zu haben, denn ihr habt beide den Verstand verloren.

SAMUEL. Ich? ich bin mit dem meinigen sehr zufrieden.

MISTRISS SMITH. Das beweist eben daß du nicht viel hast. Der Mensch ist mit nichts in der Welt zufrieden, ausgenommen mit seinem Verstande, je weniger er hat, desto zufriedener. Sans badinage, ich will nicht hoffen, daß eins von euch kapabel sei, im Ernst an dergleichen zu denken: denn wenn ihr gleich von väterlicher Seite nur bürgerlicher Herkunft seid, so wallt doch ein altes adliches Blut in den Adern eurer Mutter. *Sie sieht Samuel und Liddy wechselweise an, als ob sie eine Antwort erwarte. Beide schweigen; Liddy näht und Samuel spielt mit seinem Stockbande. Mistriss Smith ihre Stimme erhebend, und die Arme in die Seite stemmend.* Wie? was? point de réponse? ich sollte die Schande erleben, meinen ältesten Sohn Samuel mit der Tochter eines Landstreichers verheiratet zu sehen?

SAMUEL. Vorsichtig, gnädige Mama! vorsichtig! unser fremder Mietsmann kann jedes Wort hören.

MISTRISS SMITH *zu Liddy.* Und du könntest so gottes- und standesvergessen sein, dein Herz an einen Heiden zu hängen, der noch dazu ein bürgerlicher ist?

LIDDY *bittend.* Sachte liebste Mutter, der Vater schläft!

MISTRISS SMITH. Seht doch! ich glaube sie untersteht sich mir Stillschweigen zu gebieten. *Sich nach dem Alten wendend und noch starker schreiend.* Er soll nicht schlafen! er soll wachen! Er soll die Torheiten seiner Kinder verhindern helfen. He da! Sir John!

SIR JOHN *aus dem Schlaf auffahrend.* Auweh!

MISTRISS SMITH. Nun was gibts?

SIR JOHN. Mein Bein.

MISTRISS SMITH. Vergessen Sie Ihr Bein: Hier ist von ganz andern Dingen die Rede die Sie weit näher angehn.

SIR JOHN. Weit näher? Ich möchte doch wissen was mich näher anginge, als mein eignes Bein!

MISTRISS SMITH. Nun wahrhaftig! Ich dächte doch es gäbe der Dinge mancherlei in der Welt, die weit mehr Interesse für Sie haben müssen, als Ihr bewickelter Fuß?

SIR JOHN *ihr recht gebend.* So? das ist wohl möglich!

MISTRISS SMITH. Ein Bein ist doch immer nur ein Bein; und ein podagrisches Bein ist gar nichts wert.

SIR JOHN. Sehr wahr.

MISTRISS SMITH. Man sollte ganz vergessen daß man eins hat.

SIR JOHN. Würklich das sollte man. – Auweh! – Auweh!

MISTRISS SMITH. Hätten Sie ein wenig Lektüre, so würden Sie wissen, das die alten Stoiker den Schmerz für kein Übel hielten.

SIR JOHN. Den Teufel! die haben das Podagra nicht gehabt!

MISTRISS SMITH. Mein guter Sir John! Sie können es gar nicht verantworten, daß Sie so wenig Lebensart besitzen. Sie hatten eine Gemahlin von Stande, es fehlte Ihnen nicht an Gelegenheit zu lernen. Wie oft hab' ich Ihnen nicht schon vorgepredigt, und wie oft soll ich's Ihnen noch vorpredigen, daß einen Gesunden nichts mehr ennuyiert, als wenn ein Kranker ewig von seiner Maladie schwatzt.

SIR JOHN. Nun so sprechen Sie von etwas andern! In Gottes Namen! –

MISTRISS SMITH. Das wollt' ich schon lange, aber Sie lassen mich ja nicht zum Worte kommen. Hier steht Ihr Sohn, Sir Samuel Smith, und hier Ihre Tochter, Miß Liddy Smith.

SIR JOHN. Gottlob! das seh ich.

MISTRISS SMITH. Sie sind beide toll geworden.

SIR JOHN. Beide?

MISTRISS SMITH. Der allerliebste Herr Sohn hat Lust eine verlaufne indianische Dirne zu heiraten.

SAMUEL. Wer sagt das? Ist denn schon vom Heiraten die Rede? Zwar wenn man mich fragt: ob das Mädchen mir gefällt? Dann ist die Antwort: ja; aber ehe ich wirklich zu einer Verbindung schreite, o da sind noch hunderttausend Umstände zu überlegen, Millionen Hindernisse aus dem Wege zu räumen, unendlich viel Kleinigkeiten zu berichtigen.

SIR JOHN *ironisch*. Ja, mein Schatz, dafür steh ich dir: Samuel wird sich nicht übereilen.

SAMUEL. Nein wahrhaftig nicht!

SIR JOHN. Tut er es aber, so macht er den ersten gescheuten Streich in seinem Leben. Das Mädchen ist allerliebst, ihr Stumpfnäschen ist entzückend, ihre naive Laune hinreissend.

MISTRISS SMITH. Wiederum sehr nobel! Wer Sie so reden hört, sollte denken, Ihr ganzer Verstand sei in Ihren geschwollenen Fuß herabgesunken. Die ganze Litanei, welche Sie mir da vorgebetet haben, reicht kaum hin einen Narren glücklich zu machen. Die wichtigsten Punkte, die Achsen, um welche sich die ganze moralische Welt dreht, haben der Herr Gemahl vergessen.

SIR JOHN. Und die sind?

MISTRISS SMITH. Geburt und Geld.

SAMUEL. Sehr wahr!

SIR JOHN. Was das Geld anlangt, hat sie leider recht.

SAMUEL. Ganz recht.

SIR JOHN. Indes hoffe ich, die junge Indianerin werde über diesen Punkt Ihre Forderungen befriedigen können. Der Vater hält hinter dem Berge, aber es scheint, er habe sein Schäfchen im trockenen. Er lebt gut, er ist niemanden schuldig, er bezahlt uns seine wöchentliche Miete auf die Stunde. –

LIDDY. Er tut auch den Armen viel Gutes!

MISTRISS SMITH. Mon Dieu! Bleiben Sie mir mit Ihren ekelhaften Rechnungen vom Leibe! Immer hörts man Ihnen doch an, daß Sie einst Kaufmann waren. Wer hat es denn je zu den Zeichen des Wohlstandes gerechnet wenn einer ordentlich bezahlt? die reichsten Leute, mein Herr, sind der ganzen Welt schuldig. Doch passe pour cela! wir wollen es gelten lassen, aber der wichtigste Punkt bleibt doch unentschieden. Oder vielleicht lassen Sie die Ordnung im Bezahlen auch wohl gar für einen Beweis vornehmer Herkunft gelten?

SIR JOHN. Nein wahrhaftig nicht! aber ich halte diesen Punkt für überflüssig. Das Mädchen ist geboren, und zwar Hochwohlgeboren; darunter versteh ich: Gesund mit graden Gliedmaßen. Ein bucklichtes Fräulein, und wenn sie sechzehn Ahnen hätte, ist in meinen Augen immer tief übel geboren.

MISTRISS SMITH. Mon Fils! Hast du kein Riechfläschchen bei dir?

SAMUEL. O ja, gnädige Mama! *Er reicht es ihr hin.*

MISTRISS SMITH. Liddy halt mich! ich werde in Ohnmacht fallen.

SIR JOHN. Bemühen Sie sich nicht! wir verstehen dergleichen nicht zu schätzen.

MISTRISS SMITH. Kein Wunder wär es, wenn die Geister aller meiner erhabenen Voreltern sich mit Hohngelächter um mich her versammelten. Es geschieht ihm schon recht dem deutschen Fräulein, das sich zur englischen Kaufmannsfrau herabwürdigte; um dessen Hand Grafen buhlten, und das ihnen allen einen Menschen vorzog, ohne Education, ohne Savoir vivre, ohne nobles principes, einen Bankeruttierer, einen Krüppel, einen Bettler –

SIR JOHN. Liddy, fahr mich in mein Zimmer!

MISTRISS SMITH. Glauben Sie ich könnte Ihnen nicht dahin folgen? Nur Geduld! ich werde gleich nachkommen.

SIR JOHN. Nun Liddy, so fahr mich ins Grab.

MISTRISS SMITH. Nur noch erst ein paar Worte mir dir mein Sohn! *Liddy fährt den Alten ab.*

Fünfter Auftritt

Samuel – Mistriss Smith.

MISTRISS SMITH. Wahr ist es, du bist in dem Alter, in welchem man an das Heuraten denken muß.

SAMUEL. Ich denk auch dran.

MISTRISS SMITH. Recht gut mein Sohn! recht löblich! aber du denkst schon seit fünf Jahren dran, und es bleibt immer beim Denken.

SAMUEL. Vorsicht ist die Mutter der Weisheit.

MISTRISS SMITH. Deine Vorsicht ist ein Irrwisch, der dich in den Sumpf führen wird.

SAMUEL. Welch eine Parabel, gnädige Mama! ist die Vorsicht jemals ein Irrwisch? Antwort nein! Ist Gurli ein Sumpf? Antwort: nein! Sie ist vielmehr ein Blumengarten, oder eine beblümte Wiese, oder eine blumenreiche Aue.

MISTRISS SMITH. Ja, ja, es gibt auch Blumen, die hinter dem Zaune wachsen.

SAMUEL. Sie riechen darum nicht minder schön.

MISTRISS SMITH. Fy mon fils! deshonoriere mein Blut nicht. Ein Mädchen ohne Geburt; eine Indianerin und folglich eine Heidin; ein naseweises, wetterwendisches Ding, dessen Vater ein trockener ehrbarer Affe ist, den niemand kennt, und der vermutlich nicht einen Schilling im Vermögen hat.

SAMUEL. Was die Geburt betrifft, gnädige Mama, so wissen Sie wohl, daß man bei uns in England nicht darauf zu sehen pflegt

MISTRISS SMITH. Leider nein. Der Karrenschieber und der Lord genießen hier einerlei Rechte.

SAMUEL. Daß sie eine Heidin ist –

MISTRISS SMITH. Nun das hätte eben so viel nicht zu sagen.

SAMUEL. Leichtsinnig und wetterwendisch – Sie ist noch jung. Ein vernünftiger Mann wird ganz gewiß eine vernünftige Frau aus ihr bilden – Ihr Vater ein Affe – da frag ich: wird Samuel den Vater oder die Tochter heiraten? Antwort: die Tochter. Also geht mich das nichts an. Aber der wichtigste Punkt, welchen die gnädige Mama berührt haben, ist das Geld. Da gebietet die Vorsicht, behutsam zu Werke zu gehen. Auch hab ich meine Spione, Auflaurer und Spürhunde auf ihre Posten verteilt.

MISTRISS SMITH. Und wenn du nun erführest, daß er wirklich Geld hat, könntest du so wenig nobel sein, einen Entschluß zu fassen? –

SAMUEL. Entschluß? gnädige Mama, da erschrecken Sie mich. Ich glaube, wenn man in diesem Augenblick mich überzeugte, das Mädchen sei eine Prinzessin, der Vater ein Fürst mit Tonnen Goldes im Schatze; ich würde dennoch vor dem Gedanken zittern, einen Entschluß zu fassen. 140

MISTRISS SMITH. Du bist ein Narr! *Geht ab.*

SAMUEL *allein.* Ein Narr? Ein Narr? *Tritt vor einen Spiegel und bläst sich auf.* Seh ich wohl aus wie ein Narr? Antwort: Nein! 141

Sechster Auftritt

Gurli – Samuel.

GURLI *ist in ein Negligé, nach englischem Geschmack gekleidet. Ihre Haare, ohne irgendeine Zierrat, hängen ihr ein wenig wild um den Kopf, und überhaupt ist ihr ganzer Anzug zwar sehr reinlich, aber hin und wieder nachlässig verschoben. Im Heraustreten noch hinter sich redend.* Nein ich will nicht! Ha! ha! ha! das ist doch sonderbar! Da haben die Menschen ohne mich zu fragen eine Glocke auf einen hohen Turm gehängt, und wenn das Ding soundsovielmal brummt, so soll Gurli frühstücken. Gurli will aber nicht frühstücken. Gurli ist nicht hungrig.

SAMUEL *im Umwenden zu sich.* Ganz allein? vortrefflich! die beste Gelegenheit, so recht mit Vorsicht zu sondieren. *Laut.* Schöne Gurli, ich wünsche Ihnen einen guten Morgen.

GURLI. Guten Morgen, du närrischer Mensch.

SAMUEL *frappiert.* Närrischer Mensch? – wie soll ich das verstehen? – Sie werden beleidigend Miß.

GURLI. Sei nicht wunderlich! Gurli meint es nicht böse, Gurli muß aber immer lachen, wenn sie dich sieht!

SAMUEL. Lachen? über mich? – da muß ich fragen: Warum? – Antwort? –

GURLI. Das weiß ich selbst nicht. Ich denke, weil du immer aussiehst, als ob das Wohl von ganz Bengalen auf deinen Schultern ruhte, und weil du so viele Anstalten machst, über eine Pfütze zu schreiten, als ob du den Ganges vor dir hättest.

SAMUEL. Ich merke, daß die Erziehung in Bengalen noch gar sehr vernachlässigt wird. Kinder reden von Dingen, die sie nicht verstehen.

GURLI. Mein feiner Herr, Gurli ist kein Kind mehr, Gurli wird bald heiraten.

SAMUEL *erschrocken.* Heiraten? wirklich?

GURLI. Ja! Ja! der Vater sagts.

SAMUEL. Wen denn?

GURLI. Das weiß ich nicht.

SAMUEL. Also hat der Vater einen Mann für Sie ausgesucht?

GURLI. Warum nicht gar! Gurli sucht selbst aus.

SAMUEL. Wirklich? die Wahl ist Ihnen ganz allein überlassen? – Fast möcht ich fragen, schöne Miß: haben Sie schon Ihr Auge auf irgend jemand geworfen? Antwort? –

GURLI. Mein Auge werf ich wohl hin und her, aber mein Herz rührt sich so wenig als eine Wachtel im Nest.

SAMUEL. Schön! vortrefflich! fast möcht' ich fragen allerliebste Gurli, wie gefall ich Ihnen? Antwort? –

GURLI. Du! nicht sonderlich.

SAMUEL. Immer fallen Sie doch auch mit der Tür ins Haus. Muß man es denn einem Manne gerade ins Gesicht sagen, daß man keinen Wohlgefallen an ihm findet?

GURLI. Du fragst mich ja darum.

SAMUEL. Wenn auch. Und dann das bäuerische Du! Ich rate es Ihnen als Ihr Freund, Miß, gewöhnen Sie sich das ab.

GURLI. Der Vater hats mir auch schon oft verboten, aber Gurli muß immer lachen, wenn Gurli mit einem einzigen Menschen sprechen soll, als wären ihrer ein halbes Dutzend.

SAMUEL. Einmal aber ists doch bei uns so die Sitte.

GURLI. Nun ja doch. Ich kann Sie auch wohl Sie nennen, wenn du es durchaus haben willst.

SAMUEL. Sollten einst vielleicht süßere Bande uns vereinigen, so ist es ja noch immer Zeit –

GURLI. Ja, damit hat's Zeit.

SAMUEL. Ich muß nur näher rücken *Zu sich.*

GURLI *gähnend.* Ich habe nicht ausgeschlafen!

SAMUEL *zu sich.* Aber mit Vorsicht! mit Vorsicht!

GURLI. Oder der Mensch macht mir Langeweile.

SAMUEL *laut.* Selig! dreimal selig wird sein der Glückliche, dem es einst gelingt, die schönste Blume zu pflücken, welche der Hauch des lieblichen Zephyrs aus ihrer Knospe hervorlockte.

GURLI *lachend.* Guter Freund! diese Sprache ist Sanskritta für mich, und die verstehn nur unsere Brahminen.

SAMUEL *ärgerlich.* Ich redete im orientalischen Stile; aber ich sehe wohl, man muß so deutlich mit Ihnen sprechen, daß sichs mit Händen greifen läßt.

GURLI. Ja, so hört es Gurli am liebsten.

SAMUEL. Nur schade, daß die Klugheit eine solche Sprache durchaus verbietet.

GURLI. Aber die Klugheit verbietet Gurli nicht, davonzulaufen, und dich hier stehen zu lassen, denn du machst ihr herzliche Langeweile. *Sie will fort.*

SAMUEL. Nur noch einen Augenblick, schöne Gurli! – Ich würde gern deutlich mit Ihnen reden – mich deutlicher erklären – mich auf das deutlichste ausdrücken – wenn – wenn ich nur wüßte – ob vielleicht Ihr Herr Vater einer Unterstützung bedürftig wäre. –

GURLI. Wunderlicher Mensch! mein Vater ist nicht alt, mein Vater geht flink und rasch ohne Stock; ja du kannst ihm den schönsten Palankin vor die Türe tragen lassen, er geht doch lieber zu Fuße.

SAMUEL. Nicht doch! so versteh ich es nicht. Ich wollte damit sagen – daß ich ihm zu helfen wünschte – wenn er etwa unglücklich wäre –

GURLI *plötzlich ernst.* Unglücklich?

SAMUEL *sehr neugierig.* Ja, ja unglücklich. Fast möcht' ich fragen: wie ist es damit? Antwort? –

GURLI *weinend.* Ach ja, mein armer Vater ist unglücklich.

SAMUEL *zu sich.* Nun da haben wir's!

GURLI. Und du wolltest ihm helfen? Dafür muß ich dich küssen *Sie küßt ihn.*

SAMUEL *sehr verlegen.* Ja ich meinte nur so, wenn es meine Kräfte nicht überstiege. Helfen ist wohl ganz gut; aber man kann nicht wissen, wo man es selber braucht.

GURLI. Ach! du kannst ihm nicht helfen; und die arme Gurli kann ihm auch nicht helfen.

SAMUEL *zu sich.* Dem Himmel sei Dank! da hätt ich mich bald mit einer Bettlerin verplempert *Laut.* Ich will indessen hoffen, es werde noch nicht so weit mit ihm gekommen sein, daß er die Hausmiete für den verflossenen Monat nicht bezahlen könnte – nicht um meinetwillen – sondern mein Vater – er ist ein wenig streng –

GURLI. Die Hausmiete?

SAMUEL. Ja, ja, die Hausmiete.

GURLI. Träumst du?

SAMUEL. Ich sollte nicht denken.

GURLI. Weißt du was guter Freund? Wenn du meinem Vater ein gutes Wort gibst, so bezahlt er dir nicht allein die Miete, sondern auch das ganze Haus, und noch ein Dutzend solcher Narren, als du bist, obendrein. *Sie hüpft lachend ab.*

SAMUEL. Das ist heute schon zum zweiten Male, daß man mich einen Narren schilt. Doch beidemal warens nur Weiberzungen, und da frage ich billig: ziemts einem vernünftigen Manne, sich darüber zu ärgern? Antwort: nein.

Siebenter Auftritt

Der Visitator – Samuel.

VISITATOR. Gut, gut, daß ich Sie treffe! Bin gelaufen, daß ich kaum Luft schöpfen kann! – Uf!

SAMUEL. Nun mein lieber Visitator? Hat Er sich meines Auftrages erinnert? Hat Er mit der nötigen Vorsicht und Behutsamkeit sondiert?

VISITATOR. Zu dienen! wie ein Schleichhändler bin ich umhergekrochen, hab ihn vom Kaffeehause in die Oper, vom Quai auf die Börse verfolgt, und da hab ich in aller Eile manches erschnappt.

SAMUEL. Pro primo also: in Ansehung seines Standes?

VISITATOR. Ja, da weiß ich soviel, wie nichts. Niemand kennt ihn, niemand will von ihm wissen. Ein Ostindianer, darüber sind die Stimmen einig, weil man es aus seinem eigenen Munde weiß. Aber ob von der Küste von Malabar, oder der Küste von Koromandel, oder der Küste von Orixa, das hab ich in aller Eil nicht erfahren können! Soviel ist gewiß, kein hiesiges Schiff hat ihn herübergeführt. Er muß dem Vermuten nach von Portsmuth zu Lande hieher gereist sein.

SAMUEL. Pro secundo sein Vermögen betreffend –

VISITATOR. Da kann ich die Ehre haben, so geschwind als möglich mit vollständigem Nachrichten zu dienen. Trotz der einfachen Kleidung dieses Mannes, und aller seiner Hausgenossen, trotz der einzigen Schüssel, welche täglich auf seiner Tafel steht; trotz des klaren Brunnenwassers, welches er trinkt; halte ich ihn, mit Ihrer

Erlaubnis, doch für einen der Reichsten in dieser ansehnlichen Handelsstadt.

SAMUEL. Frage: warum? Antwort? –

VISITATOR. Antwort: darum, weil er das Geld in aller Eile mit vollen Händen zum Fenster hinauswirft.

SAMUEL. Wieso?

VISITATOR. Lassen Sie sich ohne Zeitverlust erzählen, mein werter Herr Inspektor. Vorige Woche war das Handlungshaus, Braun & Belton, auf dem Punkte zu fallieren, man sprach auf der Börse schon ganz laut davon, und wie es denn zu gehen pflegt, der eine bedauerte, der andere zuckte die Achseln, der dritte sprach von Sonnenschein und Regen. Kaberdar, dem ich in aller Eil nach-schlich, ging von einem Kaufmann zum andern, und erkundigte sich nach der Beschaffenheit der Umstände. Da hörte er denn überall, daß Braun & Belton brave ehrliche Leute wären, welche durch unverschuldete Unglücksfälle in diesen Wirrwarr geraten. Was tut er? In der größten Geschwindigkeit setzt er sich nieder, schreibt ein Billet an Braun & Belton folgendes Inhalts: »wenn zehntausend Pfund Sterling Ew. Edlen retten können, so leihe ich Ihnen diese Summe ohne Interessen auf sechs Monate.« Braun & Belton, welche den Mann in ihrem Leben nicht gesehen haben, sind vor Erstaunen und Entzücken außer sich, honorieren ihre Wechsel, treiben ihre Geschäfte eilig und schleunig wie zuvor, und verehren den Ostindianer wie einen Heiligen.

SAMUEL. Mein Gott! welche Unvorsicht! – Der Mann muß sich je eher je lieber einen Eidam suchen, der ihm statt Vormunds diene; einen vernünftigen, vorsichtigen, wohlbedächtigen Mann. – Doch weiter, mein lieber Visitator! – Er hat mir nun zwar bewiesen, daß dieser Kaberdar einst zehntausend Pfund Sterling im Vermögen hatte; Er hat mir aber zu gleicher Zeit dargetan, daß der Narr sie aus dem Fenster geworfen. Es fragt sich also –

VISITATOR. Ob er noch so viel übrig behalte, um die Aufmerksam-keit eines vernünftigen Mannes zu reizen? Auch da werd' ich in aller Eil die Ehre haben, Sie zufriedenzustellen. Sie kennen doch das schöne Landgut Roggershall, so reich an Fisch und Wildpret, an Feld- und Gartenfrüchten, und welches überdies den herrlichen Vorzug genießt, daß man sich in der größten Geschwindigkeit dahin begeben kann, weil es nur zwei Meilen von der Stadt entfernt ist? Dieses schöne Stück Landes hat der junge Erbe liederlich verpraßt und unser Ostindianer in aller Eil an sich gekauft.

SAMUEL. Wie? ist das gewiß?

VISITATOR. Sage, schleunig gekauft und eilig bezahlt.

SAMUEL. Hm! Ei! – Aber ich muß mich doch noch ein wenig genauer und umständlicher unterrichten. Bestätigt sich die angenehme Botschaft, so hat Gurli einen Brautschatz aufzuweisen, der einen Schleier über ihre vielfältigen Unarten deckt – Ich will mich nur gleich auf die Börse begeben. Hat Er mir noch etwas über diesen Punkt mitzuteilen?

VISITATOR. Nichts von Belang. Er spricht sehr wenig – er kauet Betel – er hat eine große Ehrfurcht vor Kühen; und so oft unsere Stadtherde ausgetrieben wird, empfängt er sie mit tiefen Reverenzen – er badet sich täglich – so oft Neumond oder Vollmond eintritt, teilt er Almosen aus.

SAMUEL. Bin ich nur erst sein Eidam, so soll der Nebel dieser Narrenpossen vor der Sonne der Vernunft bald zurückweichen. Ich will ihm beweisen, daß eine Kuh nicht mehr Anspruch auf seine Ehrerbietung machen darf, als ein Esel. Ich will ihm beweisen, daß weder im Neumond noch im Vollmond, weder im ersten noch im letzten Viertel, die Vorsicht erlaubt, Almosen zu geben. Kurz! ist der Ankauf von Roggershall richtig, so ist die Heirat mit Gurli auch richtig. Unterdessen, mein lieber Visitator, leb' Er wohl! Sei Er unermüdet, fleißig, tätig und vor allen Dingen vorsichtig. Stell Er Seine fünf Sinne allenthalben auf die Lauer. Mein dankbares Gemüt ist Ihm bekannt, und wenn jemals die Frage entsteht: ob ich Ihm mit Vergnügen wieder dienen werde? So ist die Antwort jederzeit: ja *Er macht dem Visitator eine gnädige Verbeugung und geht ab.*

Achter Auftritt

DER VISITATOR *allein.* Wenn die Frage entsteht: ob ich Lust habe, dir in der größten Geschwindigkeit den Hals zu brechen? So ist die Antwort jederzeit: ja – Für so viel Bemühungen mit ein paar leeren Worten mich abzuspeisen! Aber so gehts in der Welt. Es gibt nicht leicht einen ehrlichen Mann im Dienst, der nicht einen Narren oder einen Schurken über sich hätte. Will man eilig und schleunig seinen Bissen Brot in Ruhe verzehren, so muß man sich ebenso vor leeren Köpfen und vollen Wänsten bücken, wie der alte Kaberdar vor Kühen und Ochsen. *Mit Achselzucken.* Er ist mein Vorgesetzter – Er macht die Augen oft zu, wenn ich die Taschen aufmache; also nur frisch wieder dran, ihm zu dienen! *Er schleicht an Sir Johns Tür und legt das Ohr ans Schlüsselloch.* Ich höre in der Ferne ein Geräusch, als ob der Hagel ein morsches Dach zerschlüge. *Pause.* Nein, nein, es ist die Stimme der Mistriß *Pause.* die verdammten Kanarienvögel schreien so laut, daß man keine Silbe deutlich unterscheiden kann. Geschwinde! geschwinde! *Er läuft hinüber an Kaberdars Tür.* Da ists still wie im Grabe, *Pause.* doch nein, Gurli trillert ein Liedchen, *Pause.* das Singen mag wohl recht gut sein, aber meine Wißbegierde wird nicht satt davon. *Er läuft wieder an die andere Tür.* Hier ists mäuschenstill geworden. *Pause.* Jetzt fängt Miß Liddy an zu sprechen. *Pause.* Gleich hat der Henker die verdammten Kanarienvögel wieder bei der Hand. Ich kann das Geschmeiß nicht leiden; sobald man ein lautes Wort spricht, schreien sie alle mit. *Er läuft wieder auf die andere Seite, kaum aber hat er das Ohr ans Schlüsselloch gelegt, als Musaffery die Tür öffnet, und ihn beinahe übern Haufen rennt.*

Neunter Auftritt

Musaffery – Der Visitator.

MUSAFFERY *immer sehr ehrbar und trocken.* Was willst du, guter Freund? Wem gilt dein Besuch? mir?

VISITATOR. Nicht so ganz eigentlich.

MUSAFFERY. Oder meinem Herrn?

VISITATOR. Das wollt' ich eben nicht behaupten.

MUSAFFERY. Oder der Tochter meines Herrn?

VISITATOR. Wenn ich das sagte, würde ich lügen.

MUSAFFERY. Also der hölzernen Tür? Denn in diesem Zimmer wohnen nur drei Menschen: mein Herr, die Tochter meines Herrn, und ich.

VISITATOR *der sich nach und nach von seinem Schrecken erholt.* Meine eigentliche Absicht war, Ihm in aller Eil einen guten Morgen zu wünschen.

MUSAFFERY. Guten Morgen.

VISITATOR. Und mich in der Geschwindigkeit nach Seinem Wohlbefinden zu erkundigen.

MUSAFFERY. Danke.

VISITATOR. Doch fein gesund?

MUSAFFERY. Gesund.

VISITATOR. An Leib und Seele?

MUSAFFERY. An Leib und Seele.

VISITATOR. Versteh Er mich recht, hochgeschätzter Freund! man kann vollkommen gesund sein, vollkommen; aber was hilft zum Beispiel die Lust zu schlafen, wenn Nahrungssorgen das Herz gleich einem Mühlstein drücken? Was hilft der vortrefflichste Hunger dem armen Teufel, der keinen Bissen Brot aufzutreiben vermag? Doch beides ist wohl nicht Sein Fall?

MUSAFFERY. Nein!

VISITATOR. Er hat mehr als Er braucht.

MUSAFFERY. O ja.

VISITATOR. Sein Herr ist sehr reich?

MUSAFFERY. Brahma hat ihm viel geschenkt.

VISITATOR *sehr neugierig.* Brahma? Wer ist dieser Herr? Ich hab ihn nie nennen hören. Verschenkt er so gern?

MUSAFFERY. Brahma schenkt allen guten Menschen.

VISITATOR. Wirklich? Wo wohnt denn der Herr Brahma? Damit ich in aller Geschwindigkeit zu ihm eile –

MUSAFFERY. Er wohnt an den Ufern des Ganges.

VISITATOR. Das ist mir zu weit. Sein Herr ist vermutlich mit ihm verwandt?

MUSAFFERY. Mein Herr ist entsprossen aus seiner Schulter.

VISITATOR. Eine kuriose Verwandtschaft.

Zehnter Auftritt

Kaberdar – Die Vorigen.

KABERDAR *etwas rauh zum Visitator.* Was ist Euer Begehren?

VISITATOR. Nichts auf der Welt, mein hochzuverehrender Herr. Ich eilte hier vorbei, und kam in der Geschwindigkeit herein, um mich nach dem Befinden des wertgeschätzten Herrn Musaffery zu erkundigen.

MUSAFFERY *sehr trocken.* Er hatte sein Ohr an die Türe gelegt um zu hören, wie ich mich befände.

KABERDAR. Haltet Ihr vielleicht mich, oder meine Tochter, oder meinen alten Freund Musaffery für Contrebande?

VISITATOR. Je nun, mein hochzuverehrender Herr, wenn sie mirs in aller Eile nicht übernehmen wollen, beinahe! Denn wir wissen nicht recht, wer Sie sind? Was Sie sind? Woher Sie sind? Warum Sie hier sind? Kurz! Sie besitzen so ziemlich alle Eigenschaften einer contrebanden Ware.

KABERDAR. Wär ich nach Spanien gegangen, so würde ich diese Sprache für die Sprache eines Dieners der Inquisition halten: aber in Engelland kenne ich meine Rechte. Pack Er sich zur Tür hinaus!

VISITATOR. Ei, ei, mein wertgeschätzter Herr! mit welchem Recht

148 –

KABERDAR. Diese Zimmer habe ich für mein Geld gemietet.

VISITATOR. Aber dieser Saal ist gemeinschaftlich, ich kann so oft, so eilig, und so schleunig als mirs beliebt, hieherkommen, um mit meinem hochzuverehrenden Herrn Prinzipal, dem Herrn Zollinspektor Smith, zu reden, zu sprechen, zu überlegen, zu erzählen, zu hören, zu fragen, zu antworten, zu berichten, und kein Mensch auf der Welt soll mich daran hindern, und wär' er auch noch zehnmal näher als Sie mit dem Herrn Brahma verwandt.

KABERDAR. Geht! wenn Ihr nicht wollt, daß man Euch werfe.

VISITATOR *sich allgemach nach der Tür zurückziehend.* Wie? was? Mich werfen? Mich den geschwindesten, geschäftigsten und tätigsten Mann in der ganzen Stadt? Einen Mann, der sein rastloses Leben im Dienst von Alt-England eilig und schleunig geopfert hat? Einen solchen Mann will man werfen? Was verstehen Sie unter werfen? Wo wollen Sie mich hinwerfen, mein Herr?

KABERDAR. Zur Tür, oder zum Fenster hinaus *Er zieht die Uhr aus der Tasche.* und zwar ehe drei Minuten vergehen.

VISITATOR. Hm! das wäre also in der größten Geschwindigkeit? Schade, daß Berufsgeschäfte, Amt und Pflicht in aller Eile meine Gegenwart erfodern und ich daher nicht von Ihrer gütigen Offerte profitieren kann; sonst wollten wir sehn, mein Herr Verwandter des Brahma, wir wollten sehen – *Kaberdar geht auf ihn zu* – *der Visitator läuft davon.*

Eilfter Auftritt

Kaberdar – Musaffery.

MUSAFFERY. Du, einst Herrscher über Tausende! fruchttragender Baum, unter dessen Schatten die Stämme Indiens sich lagerten! was ist aus dir geworden? Ein elender Wicht aus dem Stamme der Schutres wagt es dich zu beleidigen – o Jammer!

KABERDAR. Mich beleidigen? Du irrest guter Musaffery. Erblickst du Unmut oder Zorn auf meiner Stirne?

MUSAFFERY. Weil ohnmächtiger Zorn dir nicht ziemt. Du bist nicht mehr Nabob von Mysore. Ach! –

KABERDAR. Immer wieder das alte Lied! nein, ich bin nicht mehr Nabob von Mysore, und möcht' es auch nicht wieder werden.   149

MUSAFFERY *erstaunt.* Du möchtest nicht?

KABERDAR. Sprich, alter treuer Diener! hieltest du mich damals für glücklich, als Franzosen und Engländer meine Freundschaft, mein Bündnis suchten? Als ich wider Willen in ihre unsinnige Fehde verwickelt wurde? Als ich bald diesem aus Neigung, bald jenem aus Zwang diente? Als es mir alle Augenblicke an Geld mangelte, meine murrenden Soldaten zu befriedigen? Als der Hof zu Delhi Kabalen gegen mich spann, und ich zu niedrigen Kunstgriffen mich herablassen mußte, um mein Ansehn zu behaupten? Als Europäer und Indier meine blühende Provinz verwüsteten, und heilige Pagoden entweihten? Als endlich der Aufruhr meiner Brüder gegen mich ausbrach, und ich so manche Nacht, mit schwerem Kummer belastet, auf meinem Lager mich wälzte? Sprich! war ich damals glücklich?

MUSAFFERY. Nein. Aber dir duftete noch die süße Blume der Hoffnung; was verloren war, konntest du wiedergewinnen.

KABERDAR. Und das kann ich nicht mehr?

MUSAFFERY. Nein. Wenn Brahma kein Wunder tut, so kannst du nie wieder Nabob von Mysore werden.

KABERDAR. Und glaubt denn Musaffery es sei kein Glück für mich auf dieser großen, schönen Erde, ohne den Szepter von Mysore? –

MUSAFFERY. Und welches? Vermagst du mit dem Hauch des Lebens die Körper deiner ermordeten Weiber und Kinder zu beseelen?

KABERDAR. Leider nein!

MUSAFFERY. Vermagst du auch nur ihre Leichname zu finden, um eine bekränzte Kuh an ihrem Grabe zu opfern?

KABERDAR. Ach nein! Wehe! Wehe über meinen Bruder! nicht einmal einen Sohn hat er mir gelassen! Vielleicht unter namenlosen Martern alle die Zweige meines Stammes vernichtet! oder grausamer als der Tod, meine wackere Söhne des Lichts ihrer Augen beraubt – ach! – weg! weg! – einen Vorhang über dies schauerliche Gemälde! – Hinunter ging die Sonne jener Tage; ich stehe hier, und harre ihres Aufgangs.

MUSAFFERY. Für uns wird sie nimmer wieder aufgehen.

KABERDAR. Warum nicht? wenn nicht an den Ufern des Ganges, doch an den Ufern der Themse. Viel hab ich verloren, doch viel bleibt mir zu gewinnen übrig. Zufriedenheit und Ruhe schmückten nicht die Fürstenbinde von Mysore, sie sind ein Kleinod, welches die Götter nicht dem Stamme der Rajas vorbehielten. Eurem Winke folg ich, ihr süßen Freuden des unbeneideten Mittelstandes! Gern steig ich zu euch hinab – oder hinauf! – bin ich alt und kraftlos? vermag ich nicht noch Söhne zu zeugen? die Freude meiner kommenden Tage? – Treuer Musaffery! ich will mir ein Weib nehmen, von meinen geretteten Schätzen noch mehr der Güter mir ankaufen; und gern den Thron, um dessen Stufen zehentausend aufrührische Sklaven krochen, gegen die friedliche Herrschaft über hundert ruhige Europäer vertauschen.

MUSAFFERY. Ein Weib nehmen? wo findest du in England ein Weib aus deinem Stamme entsprossen?

KABERDAR. Elendes Vorurteil! mein Vaterland hat mich ausgespien, ich bin von seinen Gebräuchen entbunden. Meine Augen haben gewählt; mein Herz ist einverstanden, und wartet nur noch auf Zustimmung meiner Vernunft. Miß Liddy – *Begeistert.* ihr Blick ist ein Sonnenstrahl, auf welchem die Seelen in Wischenus Paradies eingehen! sanfte Weisheit der Göttin Sarasuadi wohnt auf ihren Lippen, und Tugend, geschaffen aus der rechten Brust des Gottes der Götter, thront in ihrem Herzen! – o Manmadin! Gott der Liebe! schleich auch du dich hinein!

MUSAFFERY. Du bist entzückt! Hüte dich! dein Herz ist zum Knaben geworden, und wird mutwillig deiner Vernunft entschlüpfen, die in Gestalt eines Greises ihm nachschleicht.

KABERDAR. Recht Alter! nichts übereilt! Mit deinen leidenschaftlosen Blicken will ich spähen, mit deiner kalten Vorsicht will ich prüfen. Aber wie? wenn der Erfolg den Wünschen meines Herzens entspricht, wirst du mich dann wieder für glücklich halten?

MUSAFFERY *nach einer Pause.* Nein! Ach, dort, wo der Ganges durch blühende Reisfelder sich schlängelt, dort allein wohnt das Glück. Hier, in einem fremden Lande, wo ich nie einem Menschen begegne, zu dem ich sagen könnte: »erinnerst du dich noch des frohen Tages vor zwanzig Jahren, als wir da und da zusammen lustig waren?« – Hier wo niemand meine Sprache redet, niemand meinen Göttern dienet. – O Jammer!

KABERDAR. Weißt du auch, Musaffery, daß du mir durch deine Klagen wehe tust, deren nie versiegende Quelle immer so heiß übersprudelt? Gereut es dich, so viele Liebe und Treue an mir bewiesen zu haben? Gereut es dich, der einzige gewesen zu sein, der seinen Herrn nicht verließ, als unglückschwangere Blitze um ihn zischten? *Er ergreift ihn bei der Hand.* Ich kann dirs freilich nicht vergelten. Nur Liebe bezahlt Liebe! nur in meinem Herzen mußt du deinen Lohn suchen.

MUSAFFERY. Und hab ihn reichlich gefunden! Vergib mir die unbescheidne Klage! Nein ich weiche nicht von dir bis der Tod –

KABERDAR. Stille davon! ich höre Gurli kommen.

Zwölfter Auftritt

Gurli – Die Vorigen – Mistriss Smith.

Inwendig.

GURLI *gähnend.* Vater: Gurli wird die Zeit lang.

KABERDAR. Hab ich dir nicht Wege genug angedeutet, der langen Weile zu entfliehen? Nähen – Stricken – Lesen –

GURLI. Ja Vater das tut Gurli auch; aber Gurli ist so ungeschickt, sie verdirbt alles. Wenn ich nähe, so reißt mir bald der Zwirn, bald zerbricht mir die Nähnadel; wenn ich stricke, so laß ich die Maschen fallen, und wenn ich lese, so schlaf ich ein.

KABERDAR. Nun so töte deine Zeit mit Plaudern.

GURLI. Plaudern? mit wem soll Gurli plaudern? der Vater ist selten zu Hause; Musaffery ist stumm; die alte garstige Mutter dort zankt immer; Samuel ist ein Narr; und Liddy –

KABERDAR *hastig einfallend.* Nun Liddy? –

GURLI. Ach ich liebe Liddy wie meine Schwester. Sie ist so gut, so herzensgut – Sie ist viel besser als Gurli. Aber sie darf nicht viel mit Gurli reden.

KABERDAR. Warum nicht?

GURLI. Die garstige Mutter hat es ihr verboten. Aber wenn auch Gurli den ganzen Tag bei Liddy sein könnte – es fehlt Gurli doch noch etwas.

KABERDAR. Was denn?

GURLI. Das weiß Gurli selbst nicht.

KABERDAR. So beschreib' es zum wenigsten.

GURLI. Vater, das läßt sich nicht beschreiben. Zuweilen hab' ich gedacht, es fehle mir ein Papagoy oder eine Katze.

KABERDAR. Du hast ja beides.

GURLI. Freilich hat Gurli beides; aber da wandelt mich oft eine solche Sehnsucht an, da nehm' ich bald die Katze und bald den Papagoy, und küsse sie und drücke sie an meine Brust, und habe sie so lieb – Doch ist mirs immer als fehle noch etwas. Der Vater wird wohl noch eine Katze für Gurli kaufen müssen.

KABERDAR *lächelnd.* Freilich.

152

29

GURLI. Dann ging ich gestern spazieren in dem kleinen Walde den die Leute hier Park nennen, da sang ein Vogel so schön, so rührend – Kannst du dir einbilden Vater! Gurli mußte weinen. Es war mir so ängstlich, so beklommen; es stieg mir so hier, hier, herauf; es war mir so warm, ich sah mich immer nach etwas um, und endlich – endlich mußt ich eine Rose abbrechen, und küssen, und tausendmal küssen, und mit meinen Tränen benetzen. Das war doch drollicht! nicht wahr Vater?

KABERDAR. Jawohl!

GURLI. Der Vater wird wohl einen solchen Vogel für Gurli kaufen müssen.

KABERDAR. Ei freilich.

GURLI. Ach Gurli weiß selbst nicht recht was ihr fehlt.

KABERDAR. Sei ruhig! der Vater hat mehr Erfahrung! der merkt schon, wo das hinaus will. Jetzt von etwas anderm! hast du dem Vorschlage nachgedacht, welchen ich dir neulich tat?

GURLI. Du weißt ja wohl, Vater, Gurli denkt nicht viel nach. Aber wenn der Vater meint, daß es gut sei, so will Gurli wohl heiraten.

KABERDAR. Ja der Vater meint, es sei notwendig, daß Gurli sich je eher je lieber einen Mann aussuche. Ist dir noch keiner aufgestoßen, der dir besonders gefiele?

GURLI. Nein. Da ist der Samuel; der schwatzt und plappert von seiner Liebe; doch seine Liebe gefällt mir nicht. Aber warum muß es denn eben eine Mannsperson sein? ich will seine Schwester Liddy heiraten.

KABERDAR *erstaunt*. Wen? Seine Schwester?

GURLI. Ja.

KABERDAR. Liddy?

GURLI. Ja, ja.

KABERDAR. Die ist ja ein Frauenzimmer.

GURLI. Nun was schadet das?

KABERDAR *lächelnd*. Nein Gurli das geht nicht an, das erlaubt Brahma nicht. Du bist ein Mädchen, und mußt einen Mann nehmen. Liddy ist auch ein Mädchen und muß auch einen Mann nehmen.

GURLI. Nun so will ich Musaffery heiraten.

MUSAFFERY *welcher bisher in tiefen Betrachtungen versenkt gestanden, welche sich auf sein voriges Gespräch bezogen, kömmt zu sich selbst, und antwortet etwas verlegen, aber mit seiner gewöhnlichen Trockenheit.* Mich? – Schöne Gurli! das geht nicht an!

GURLI *komisch zürnend.* Wieder nicht? Warum denn nicht? du bist ja ein Mann?

MUSAFFERY. Das wohl.

GURLI. Nun?

MUSAFFERY. Ich bin ein alter Mann.

GURLI. Was tut das?

MUSAFFERY. Schöne Gurli, ein alter Mann muß kein junges Mädchen heiraten.

GURLI. Warum nicht?

MUSAFFERY. Weil das unbarmherzigerweise eine Rosenknospe in Schnee vergraben heißt.

MISTRISS SMITH *inwendig.* Du denkst nicht ein bißchen nobel. Weil du selbst Heringskrämer gewesen bist, so möchtest du auch gerne deine Kinder dazu machen.

KABERDAR. Gott bewahre! der Drache kommt näher. Ich bin so gern in diesem Saale *Aufs Fenster zeigend.* ich liebe die Aussicht ins offne Meer, und immer jagt mich der böse Geist in mein einsames Zimmer zurück. Kommt!

GURLI. Vater, Gurli bleibt noch hier, Gurli will über die Alte lachen.

KABERDAR. Meinetwegen! aber sie ist neugierig. Daß du ihr nur das Geheimnis unsers Standes nicht verrätst! ich mag weder ein Gegenstand der Neubegier, noch des Mitleidens werden. *Er geht mit Musaffery in sein Zimmer.*

GURLI. Ach nein! Gurli hört die Alte nur gern reden, sie spricht so viel dummes Zeug.

Dreizehnter Auftritt

Mistriss Smith die Saloppe übergeworfen – Gurli.

MISTRISS SMITH *im Heraustreten noch zurückbelfernd.* Was Podagra! ein nobles Gemüt verachtet das Podagra und verspottet die Gicht. Alle meine Ahnen haben schon in ihrem fünfundzwanzigsten Jahr das Podagra gehabt, keiner hat sich so dabei gebärdet. *Gurli er-blickend.* Ah Miß Gurli! *Sie macht ihr eine tiefe Verbeugung.*

GURLI *lacht ihr ins Gesicht.*

MISTRISS SMITH. Nun, sur mon honneur! dergleichen Impertinence ist mir noch nicht vorgekommen.

GURLI. Sei nicht böse altes Mütterchen!

MISTRISS SMITH. Altes Mütterchen? immer besser!

GURLI. Gurli lacht gerne; du mußt das Gurli nicht übelnehmen.

MISTRISS SMITH. Immer du um das dritte Wort. Mein Gott! wie und wo mag diese pauvre Créature ihre erste Education erhalten haben?

GURLI. Kannst Sie auch das Du nicht leiden? nun ich will dich Sie nennen.

MISTRISS SMITH. Nennen Sie mich, wie Sie wollen! Eine Frau aus einem Stamm, wie der meinige, ist über jede Beleidigung erhaben.

GURLI. Aus welchem Stamme bist Sie denn?

MISTRISS SMITH. Aus dem Stamme von Quirliquitsch.

GURLI. Ei den hat Gurli noch nie nennen hören; das muß ein ganz neuer Stamm sein.

MISTRISS SMITH *verächtlich.* Neu? Meine gute Miß Gurli! durchlau-fen Sie Jahrhunderte mit Ihren Gedanken, und Sie sind noch nicht an seiner Wurzel. Ich wüßte auch nicht, wo Sie Gelegenheit gehabt hätten, alte Familien kennenzulernen.

GURLI. Ich? ich bin selbst aus einem der ältesten Stämme in der ganzen Welt entsprossen.

MISTRISS SMITH *verächtlich.* Sie? Ha! ha! ha!

GURLI. Ja, ja, ich. Gurli ist aus dem Stamme der Rajas.

MISTRISS SMITH *mit hochaufgeworfener Nase.* Raja? Raja? ich will doch zum Scherz, sobald ich nach Hause komme, in Rüxners Turnier-Buche nachschlagen, ob die Herren von Raja jemals existiert haben? die Familie ist mir ganz unbekannt.

GURLI. Der Stamm der Rajas ist viele tausend Jahre alt.

MISTRISS SMITH. Viele tausend Jahr? Ha! ha! ha! mein gutes Kind! Sie haben vergessen, daß die Welt erst 1790 Jahre alt ist. Ha! ha! ha! Ich habe Sie immer für ein wenig albern gehalten, aber nun finde ich, daß Sie völlig verrückt sind. *Sie macht ihr abermals eine tiefe aber höhnische Verbeugung und geht durch die Mitteltüre ab.*

Vierzehnter Auftritt

GURLI *allein.* Ha! ha! ha! Das alte närrische Mütterchen! Wie sie
sich gebärdet und ihren Leib verdreht, und so frech dabei aussieht,
wie eine Bajadere. Halt! das muß Gurli zum Spaß ihr einmal
nachmachen. *Sie tritt vor den Spiegel und übt sich in Verbeugungen.*
O das ist zum Totlachen! das muß Gurli den Vater sehen lassen.
Sie läuft hinein.

Ende des ersten Aufzugs.

Zweiter Aufzug

Erster Auftritt

KABERDAR *allein.* Immer tragen meine Füße mich unwillkürlich in diesen Saal; und bin ich in diesem Saale, so heftet mein Auge sich unwillkürlich auf jene Tür. – Es muß herunter vom Herzen! mich drückt die Last. Aber wehe! wehe! wenn das Wagstück mißlingt. – Besinne dich, Kaberdar! du bist nicht in Indien, wo du dein Weib einsperren darfst, wenn sie dir das Leben vergällt; wo sie, ohne deine Erlaubnis nicht einmal das Mittagsbrot an deiner Seite verzehren darf. Du bist in Europa, wo man die Weiber nicht zu Puppen herabwürdigt; wo sie selbst einen Willen haben, und sogar selbst denken dürfen – wenn sie können. – Aber diesem Mädchen gaben die Götter einen Körper, und die Tugend eine Seele! – Doch halt! schon wieder in Entzücken! – Kenne ich sie denn? Habe ich sie schon lange genug beobachtet? Ist ihre Mutter nicht ein Weib, gezeugt von Nirudi, dem Könige der Teufel? Und wachsen je Rosen auf einer Nessel? – Musaffery hat recht. Ihr sanftes Auge kann trügen, ich muß ihr Herz belauschen.

Zweiter Auftritt

Kaberdar – Der Knabe mit den Manschetten in der Hand.

KNABE. Ei ich will mir nicht länger die Sohlen von den Schuhen laufen! Heute ist ein unglücklicher Tag, heute werde ich die Teufelsdinger nicht los, *Er erblickt Kaberdar.* noch einen Versuch. Schöner Herr, wollt Ihr Manschetten kaufen.

KABERDAR. Nein.

KNABE. Von schönen Händen gemacht.

KABERDAR. Ich mag nicht.

KNABE. Wohlfeil, drei Kronen das Paar.

KABERDAR. Laß mich zufrieden! ich trage keine Manschetten.

KNABE *die Manschetten unwillig auf den Tisch werfend.* Nun so trag
sie wer da Lust hat. *Indem er gehen will.* Ihr wohnt ja hier im
Hause; wenn Miß Liddy kömmt, so gebt sie ihr zurück.

KABERDAR. Miß Liddy? Halt! was hat Miß Liddy mit deinen Manschetten zu schaffen?

KNABE. Sie gehören ihr ja.

KABERDAR *erstaunt.* Ihr?

KNABE *zurückkommend.* Ja, Sir, es ist ihre Arbeit. Beseht sie nur,
sind sie nicht schön? Kauft! kauft sie! wohlfeil, sehr wohlfeil, drei
Kronen; und wenn Ihr mich nicht verraten wollt, so sollt Ihr wissen,
daß die schöne Miß fünf Nächte daran gearbeitet hat.

KABERDAR. Warum verkauft sie sie denn?

KNABE. Je nun, schöner Herr, Ihr fragt auch gar wunderlich; sie hat
kein Geld.

KABERDAR *greift schnell in die Tasche.* Wie teuer sagst du?

KNABE. Drei Kronen schöner Herr. Dafür bekommt Ihr ein paar
Manschetten, wie sie der Prinz von Wallis nur am Geburtstage der
Madam Fitz-Herbert trägt, und einen Gotteslohn erhaltet Ihr
obenein in den Kauf.

KABERDAR. Hier sind drei Guineen.

KNABE. Drei Kronen schöner Herr.

KABERDAR. Drei Guineen, sage ich dir, die bringst du an Miß Liddy.
Und hier ist eine Krone für dich unter der Bedingung, daß du den
Käufer der Manschetten nicht ausplauderst. Wenn sie fragt, so sag'
ihr, du habest sie an der Börse verkauft; ein fremder Herr, den du
zum ersten Mal in deinem Leben gesehen –

KNABE *das Geld mit Wohlbehagen auf allen Seiten besehend.* Ich
verstehe, schöner Herr; ich verstehe, und danke.

KABERDAR *für sich.* Das ist brav von dem Mädchen, daß sie sich
nicht der Arbeit um das tägliche Brot schämt; das ist brav –

KNABE. So viel Geld hab' ich in meinem Leben noch nicht beisammen gesehen. Lebt wohl schöner Herr! Gott vergelt' es Euch!

KABERDAR. Wo willst du hin?

KNABE. Fort.

KABERDAR. Aber das Geld? –

KNABE. Das hab' ich in der Tasche.

KABERDAR. Und trägst es nicht zu Miß Liddy?

KNABE. Nein schöner Herr. Miß Liddy hat mir befohlen vom Nachbar Williams ein Pfund Knaster, und aus der nächsten Taverne ein Maß Porter zu holen.

KABERDAR. Was? Raucht Miß Liddy Tobak?

KNABE. Possen Herr! ich denke, es ist für ihren Vater. Der arme alte Mann will sich zuweilen eine Güte tun, aber Frau und Sohn geben ihm nichts.

KABERDAR *für sich.* Brav! Mädchen brav! *Zum Knaben.* Geh nur, geh! *Der Knabe ab.* – das entscheidet. Ein solches Herz beglückt! wäre sie auch nicht schön, die kindliche Liebe leiht ihr himmlische Reize! Ist sie gleich arm; so vermag sie doch fünf Nächte hindurch für ihren Vater zu arbeiten. – Es ist entschieden.

Dritter Auftritt

Liddy – Kaberdar.

KABERDAR *als er Liddy erblickt.* Ha! Sie selbst! Guten Morgen Miß.

LIDDY *im Vorbeigehen mit einer Verbeugung.* Guten Morgen Sir. *Sie geht an die Tür, sieht hinaus, kömmt zurück, tritt ans Fenster, und scheint sich auf allen Seiten nach etwas umzusehen.*

KABERDAR. Miß Liddy erwartet vermutlich jemand?

LIDDY *sich umkehrend.* Ja Sir, einen Knaben, dem ich einen kleinen Auftrag gab. Es war mir vor einigen Minuten als säh ich ihn hier ins Haus gehen; ich muß mich aber doch geirret haben. *Sie erblickt plötzlich ihre Manschetten in Kaberdars Händen, und fährt ein wenig zurück.*

KABERDAR *stellt sich als merke er es nicht.* Ein Knabe war hier, doch vermutlich nicht der, welchen Miß Liddy erwartete. – Sehn Sie Miß, ich habe eben ein paar Manschetten gekauft. Wir Männer werden mit dergleichen Ware gewöhnlich betrogen. Was halten Sie davon?

LIDDY *verlegen.* Sie sind recht artig.

KABERDAR. Wie hoch schätzen Sie sie?

LIDDY. Ein paar Kronen mögen sie immer wert sein.

KABERDAR. Ja Miß, Kronen sind sie wert! Wer nur Kronen hätte, um sie auf das Haupt jenes vortrefflichen Mädchens zu setzen.

Diese Manschetten, Miß, hat nach der Erzählung des Knaben, eine Tochter mit Aufopferung ihrer nächtlichen Ruhe verfertigt, um ihrem kranken Vater ein Labsal zu verschaffen.

LIDDY *sehr verlegen.* So?

KABERDAR. Wieviel meinen Sie nun wohl, daß diese Manschetten wert sind?

LIDDY. Soviel, als die erfüllte Pflicht eines Kindes.

KABERDAR. Miß Liddy – *Sie bei der Hand angreifend.* – Ich bin ein ehrlicher Mann – wollen Sie mich heiraten? –

LIDDY *außerordentlich überrascht.* Sir – mein Gott! –

KABERDAR *ihre Hand loslassend, im gutmütigen Tone.* Fassen Sie sich! Warum erschrecken Sie? Ich wollte Sie nicht erschrecken. Es kann sein, daß Ihr Herz schon versagt ist. Reden Sie frei! Es wird mir leid tun; aber ich bleibe Ihr Freund. Wahrlich, ich bleibe Ihr Freund!

LIDDY *die nicht weiß was sie sagen soll.* Sir – ich habe Vater und Mutter.

KABERDAR. Erst mit Ihnen, dann mit Ihrem Vater. Liebe Liddy, Sie sind verlegen, das wünsch' ich nicht. Denken Sie, ein paar Freunde wollten eine Reise miteinander verabreden; der eine fragt, der andere antwortet: Hast du auch Platz für mich? Bist du nicht launisch, oder mürrisch? Verlierst du nicht gleich den Mut, wenn es einmal stürmt oder donnert? Wirst du dir bis ans Ziel keinen andern Gefährten wünschen? – Sie kennen mich Miß. Sie haben mein Tun und Lassen beobachtet. Wie ich heute bin, war ich gestern, und wie ich gestern war, werd' ich morgen sein.

LIDDY. Aber nicht ich, Sir. Die wenigen Reize, welche vielleicht heute Ihr Wohlgefallen erregten, werden morgen verblüht sein.

KABERDAR. Miß, die Hand welche diese Manschetten nähte wird auch dann noch küssenswert sein, wenn sie entfleischt und runzlicht, kaum noch eine Krücke zu halten vermag.

LIDDY. Sie kennen mich noch nicht lange genug, und – erlauben Sie mir, mich Ihrer offenen, biedern Sprache zu bedienen – ich kenne auch Sie noch nicht lange genug.

KABERDAR. Wohlan! prüfen Sie mich, beobachten Sie mich, so oft Sie wollen, so lange Sie wollen; ich scheue nicht den Blick der Tugend.

LIDDY. Fürs erste weiß ich ja noch nicht einmal wer Sie sind?

KABERDAR. O ich danke Ihnen, Miß, daß Sie sich herablassen darnach zu forschen. Das beweist mindestens, daß die Antwort auf
meine Erklärung noch zweifelhaft ist. Sie sollen erfahren wer ich
bin. Noch hat kein Herz in England das Geheimnis meines Standes
und meiner Leiden mit mir geteilet. Ich ward am Ufer des Ganges,
im Schoße des Glücks geboren, erzogen bei meinem Oheim, dem
Beherrscher von Mysore, einem Biedermanne, dessen Thron und
dessen Feinde ich erbte. Damals war ich kaum sechzehn Jahr alt.
Man gab mir Weiber, weil es die Sitte erheischte, und einige
zwanzig Jahr alt, sah ich mich schon Vater von fünf Söhnen und
einer Tochter. Ich war glücklich, denn mich liebten die Meinigen,
mich schätzten Franzosen und Engländer; mich fürchteten meine
Feinde und Nachbarn; der Friede herrschte in meinem Lande und
in meinem Pallaste. Ich war glücklich, denn – Dank sei es der
Vorsehung! – der Mensch ist blind für die Zukunft. Daß ich
Schlangen in meinem Busen nährte; daß meine eignen Brüder mir
nach Krone und Leben trachteten, den Samen des Aufruhrs unter
meine Untertanen streuten, das ahndete mein argloses Herz nicht.
Die Verschwörung brach aus; der Szepter von Mysore ward in einer
unglücklichen Nacht meinen Händen entrissen, und ach! meine
Weiber, meine Söhne wurden ein Raub der blutdürstigen Sieger.
Nur ich, meine Tochter, und ein alter treuer Diener, waren so
glücklich unter tausend Gefahren den Strand des Meeres zu errei-
chen. Dort lagen eben zwei englische Schiffe segelfertig, deren eines
uns aufnahm, die Anker lichtete, und in Liddy's Vaterland brachte.
Will Liddy mir ersetzen was ich verlor, so war dieser Seufzer um
mein entflohenes Glück der letzte.

LIDDY *schlägt die Augen nieder, nach einer Pause.* Sie sind also kein
Christ?

KABERDAR *stutzt, nach einer Pause.* Es ist nur ein Weg zum Himmel,
der Weg der Tugend.

LIDDY. Dieser Weg führt durch die christliche Kirche.

KABERDAR. Unsere Brahminen sagen: er führe durch die Pagoden;
doch dem sei wie ihm wolle, an Ihrer Hand werde ich mich nie
davon entfernen. – Nun Miß, noch mehr Einwürfe; ich höre sie
gern; und beantworte sie gern.

LIDDY *immer mit jungfräulicher Verschämtheit.* Ihre Weiber sagten Sie, wurden ein Raub des Siegers? Sind also tot?

KABERDAR. Vermutlich.

LIDDY. Sie haben keine gewisse Nachricht davon?

KABERDAR. Nein.

LIDDY. Aber wenn sie noch lebten?

KABERDAR. Wenn auch, für mich sind sie tot.

LIDDY. Wie, Sie könnten? –

KABERDAR. Liebe Liddy! Messen Sie mich doch nicht mit dem Maßstabe der Europäer. Meine Weiber waren meine Sklavinnen, die ich verstoßen konnte, wenn mir die Lust dazu ankam. Aber gesetzt auch, ich hätte sie geliebt, wie ich – wie ich Sie liebe; was würde ihnen meine Liebe und Treue in einer Entfernung von einigen tausend Meilen frommen? – Für mich ist mein Vaterland auf ewig verloren; ich werde nie wieder in Indiens glücklichen Gefilden wandeln.

LIDDY. Wissen Sie auch Sir, welche Schlußfolge ich aus dieser Behauptung ziehen könnte?

KABERDAR. Nun?

LIDDY. Wenn Sie einst England verlassen sollten, so werden Sie wieder ein anderes Mädchen heiraten, unter dem Vorwande, daß Ihre Liebe und Treue mir doch nichts mehr nützen würden.

KABERDAR. Sie haben recht Miß; aber einen Umstand haben Sie vergessen: Ihnen werde ich Treue schwören, und England werde ich nie wieder verlassen.

LIDDY. Wer wird Sie halten?

KABERDAR. Die Liebe.

LIDDY. O das arme, schwache Kind!

KABERDAR. In unserer Religion ist dies Kind ein Gott.

LIDDY. Sie sprechen gut, aber Sie überzeugen mich nicht.

KABERDAR. Ich wünschte, Sie schöpften diese Überzeugung nur aus meinem Herzen.

LIDDY. Dringt mein Auge bis dahin?

KABERDAR. Es schwimmt in meinen Blicken. Doch wohlan! vielleicht daß Nebendinge Ihnen kräftiger beweisen, daß der Entschluß in England zu bleiben, mir wahrhaftig ernst ist. – Alles was ich in jenem unglücklichen Zeitpunkt von meinen Schätzen zu retten vermochte, waren meine Diamanten: Spielwerk für einen Fürsten; ein ansehnlicher Schatz für einen Privatmann. Ich habe sie hier zu Gelde gemacht, und Ländereien dafür gekauft. Kennen Sie Roggershall?

LIDDY. Roggershall war eine meiner Lieblings-Spazierfahrten *Mit einem halben Seufzer.* als wir noch Kutsch und Pferde hatten.

KABERDAR. Es wird nur bei Ihnen stehen, sich in Zukunft so oft und so lange Sie wollen, daselbst aufzuhalten. Sie sind unumschränkte Gebieterin auf Roggershall, ich verschreib es Ihnen zum Witwensitz.

LIDDY. Nein Sir, so war es nicht gemeint. Gesetzt auch, es käme mit uns beiden dahin – wo es noch nicht ist; so würden Sie mich doch nie überreden, Ihre Tochter zu bevorteilen.

KABERDAR. Sein Sie unbesorgt! Meine Tochter behält noch einen ansehnlichen Brautschatz übrig. Ich kenne meine Vaterpflichten; ich kenne aber auch die Pflichten gegen mich selbst – Nun, Miß, hab' ich alle Ihre Einwürfe gehoben? darf ich Ihnen ein Bild des glücklichen, einsamen Lebens vor die Augen stellen – des vollen Genusses aller häuslichen Freuden? an einem reizenden Ort wie Roggershall, an der Seite Ihres Gatten, der gewiß einst, wo nicht auf Ihre Liebe, doch auf Ihre Freundschaft und Zuneigung rechnen darf; an der Seite meiner guten, muntern Gurli; *Mit niedergeschlagenen Augen.* im Kreise Ihrer Kinder; und was Ihnen vielleicht mehr gilt als alles, in den Armen Ihres alten Vaters, den ich zu mir nehmen will, dem Sie seine letzten Tage versüßen werden der im Anblick unserer Zufriedenheit wieder aufleben wird. – *Er bricht kurz ab, schweigt, und sieht sie starr an.*

LIDDY *ist bewegt, Tränen stehen ihr in den Augen; sie wendet sich ab von Kaberdar, faltet die Hände, blickt gen Himmel und bleibt einige Augenblicke in dieser Stellung. Darauf kehrt sie sich rasch zu ihm, und reicht ihm die Hand.*

KABERDAR *ergreift ihre Hand mit Entzücken, schlägt seinen Arm um ihren Nacken und küßt sie.* Beste der Töchter! der Himmel segne unsern Bund! Er ward aus treuem redlichen Herzen geschlossen!

LIDDY. Ja, wahrlich! das ward er!

KABERDAR *seinen Ring an ihre Hand steckend.* Leben Sie wohl liebe
Liddy! – Bald, recht bald meine teure Gattin! Mein Herz strömt
von Freude über. Ich muß meinen alten Kameraden Musaffery
aufsuchen; er hat die Last des Kummers mit mir geteilt, er soll sich
heute im Becher der Freude mit mir berauschen. Leben Sie wohl!
Diese Manschetten trag ich an meinem Hochzeitstage. *Ab.*

Vierter Auftritt

LIDDY *allein.* So hab' ich der kindlichen Liebe ein Opfer dargebracht,
und konnte den armen Fazir so bald vergessen? *Sie wischt sich die
Augen.* Ja diese Träne darf Liddy um Fazir weinen; aber das sei
auch die letzte. – Pfui! keine romantische Torheiten! Kaberdar ist
ein braver Mann. Ihn um eines Jünglings willen verschmähen,
dessen Herz ich bloß aus seinen Augen kenne; das hieße, auf der
Lebensreise den Kompaß gegen einen Schmetterling vertauschen.
Ach unter allen Torheiten, die ein Mädchen begeht, ist immer ihre
erste Liebe eine der größten.

Fünfter Auftritt

Liddy – Samuel nach Hause kommend.

LIDDY. Herr Bruder, du darfst mir Glück wünschen.
SAMUEL. Frage: Wozu?
LIDDY. Antwort: Ich bin Braut.
SAMUEL. Du?
LIDDY. Ja, ja, ich. Wenn du meinen Worten nicht glauben willst, so
glaube deinen Augen. *Sie hält ihm den Ring unter die Nase.*
SAMUEL *ergreift sehr begierig ihre Hand.* Laß sehen! zum Henker!
dem Ring nach zu urteilen muß dein Bräutigam erster Lord der
Schatzkammer sein. Zum Teufel! Schwester, der Ring ist schön,
ich muß dir wahrhaftig die Hand küssen.
LIDDY. Nun, das ist zum ersten Mal in deinem Leben. Was ein
schöner Ring nicht tut.
SAMUEL. Aber – bist du auch überzeugt, daß dein Bräutigam – daß
er diesen Ring –

LIDDY. Doch wohl nicht gar gestohlen hat? Der Ring scheint dir mehr am Herzen zu liegen als der Bräutigam selbst. Du fragst nicht einmal nach seinem Namen.

SAMUEL. Sein Name kann unmöglich so viel wert sein als dieser Ring. Doch nun frag ich billig: wie heißt dein Bräutigam: Antwort? –

LIDDY. Kaberdar.

SAMUEL *heftig*. Gurlis Vater?

LIDDY. Antwort: Ja!

SAMUEL. Der Narr, dessen einziges Bestreben dahin zielen sollte, seiner mutwilligen Tochter einen braven, vernünftigen Mann zu verschaffen –

LIDDY. Fürs erste verbitte ich mir im Namen meines künftigen Gemahls alle Ehrentitel. Und was fürs zweite deine gütige Sorgfalt für Gurli betrifft, so darfst du ja nur ihrer Stiefmutter ein gutes Wort geben, wenn du etwa wünschen solltest –

SAMUEL. Ach! da ist nichts zu wünschen, bis ich erst untersucht habe.

LIDDY. Mein Gott! mit deiner ewigen Bedächtlichkeit! das Mädchen ist gut, schön, reich, was willst du mehr? – wenn du ihrer nur wert wärst.

SAMUEL. Gut? – Diese Frage mag fürs erste noch unbeantwortet bleiben. Schön? Antwort: ja. Reich? da muß ich billig fragen: woher weißt du das? Antwort? –

LIDDY. Wunderlicher Mensch! ich weiß es aus seinem eigenen Munde, aus seiner Großmut gegen mich. A propos! Du bist ein Liebhaber von der Jagd; künftigen Herbst kannst du bei mir auf Roggershall Hasen hetzen.

SAMUEL. Bei dir auf Roggershall?

LIDDY. Aufzuwarten, Herr Bruder. Das sei dir Beweis von Kaberdars Reichtum. Wer seiner künftigen Frau ein solches Landgut zum Witwensitz verschreibt, der wird doch wahrlich seine Tochter nicht ohne Brautschatz lassen.

SAMUEL. Nun da haben wir's! Ich gehe und schleiche mit der größten Vorsicht umher, ziehe allenthalben belehrende Nachrichten ein, stehe auf meiner Hut, suche mich auf allen Seiten sicher zu stellen, decke mich hier und decke mich da – komme nach Hause und finde meine unvorsichtige Schwester, die wie ein Gänschen in den Tag hinein lebt, als Erb-Lehn- und Gerichtsfrau von Roggershall. Da möcht' ich billig fragen: Schicksal bist du gerecht?

LIDDY. Wunderlicher Mensch? Kaberdar hat einen solchen Schatz von Diamanten mitgebracht, daß Roggershall dagegen ein Kieselstein ist.

SAMUEL. Diese Versicherung, wenn sie bei näherer Beleuchtung bestätigt würde, könnte Gurli neue Reize leihen.

LIDDY. Gewiß, gewiß, Bruder! wir werden so glücklich sein, den Wohlstand in das Haus unserer armen Eltern zurückzuführen! wie wird sich Bruder Robert freuen, wenn er heut oder morgen aus Westindien zurückkehrt!

SAMUEL. Nicht so schnell Schwester, noch sind wir nicht so weit.

LIDDY. Freilich du – wenn dich Gurli nicht haben wollte – –

SAMUEL *spöttisch*. Nicht haben wollte? Hm! fast möcht ich fragen: ist Liddy bei Verstande? Antwort: Schwerlich!

LIDDY. St! Sie kömmt. Nun kannst du gleich einen Sturm auf ihr Herz wagen. Soll ich dir beistehen?

SAMUEL. Ich brauche dazu keine Hülfstruppen.

Sechster Auftritt

Gurli – Die Vorigen.

GURLI. Der Vater sagt: meine liebe Liddy wolle mit Gurli reden. Guten Morgen, liebe Liddy. *Sie küßt sie.*

LIDDY. Hat der Vater sonst nichts gesagt?

GURLI. Nein sonst gar nichts.

LIDDY. Nichts von meinem Bruder?

GURLI. Von dem närrischen Menschen da? Nicht ein Wörtchen! Hätt er mir gesagt dein Bruder sei auch hier, so wäre Gurli gar nicht herausgekommen.

SAMUEL. Ei! Ei! Frage: Warum? Antwort?

GURLI. Laß mich zufrieden! Gurli will mit Liddy schwatzen.

LIDDY *zu Samuel*. Sollen die Hülfstruppen ausrücken?

SAMUEL. Nur mit Vorsicht.

LIDDY *zu Gurli*. Dein Vater sagt: du wolltest heiraten.

SAMUEL. Mein Gott du fällst ja mit der Tür ins Haus.

GURLI *gähnend*. Ja ich will heiraten.

LIDDY. Wen denn?

SAMUEL. Ja! ja! Wen denn? Antwort? –

GURLI. Ach liebe Liddy! das weiß Gurli noch nicht. Glaube mir, es ist recht eine dumme Geschichte. Der Vater meinet ja, und Gurli meinet auch ja; aber das kommt mir ebenso vor, als wolle Gurli eine Pisangfrucht pflücken, und in ganz England wächst kein Pisang. Was hilft da Gurlis Verlangen, und des Vaters Wunsch und Wille? Gurli wollte Liddy heiraten; der Vater sagt, das geht nicht. Gurli wollte Musaffery heiraten; Musaffery sagt, das geht nicht.

LIDDY. Musaffery ist zu alt für dich.

GURLI. Ja, ja das sagt er auch.

LIDDY. Aber es gibt junge flinke Bursche genug in der Welt.

SAMUEL *sucht sich bestens zu präsentieren*.

GURLI. Ja liebe Liddy, da ist aber noch ein dummer Umstand. Der Vater sagt: wenn man heiratet, so muß man bei dem Manne wohnen, wenn nun, zum Exempel, mein Mann in Bengalen wohnt, und mein Vater im Lande der Maratten, so muß Gurli in Bengalen bei ihrem Manne wohnen.

LIDDY. Freilich.

GURLI. Nein, das geht wahrlich nicht! Gurli liebt ihren Vater so sehr. *Weint.* Nein, Gurli kann ihren Vater nicht verlassen. Gurli will lieber gar nicht heiraten.

LIDDY. Gutes Mädchen!

SAMUEL. Es entsteht aber billig die Frage: Wenn ein gesetzter, vernünftiger Mann sich fände, welcher mit ihrem Vater in einer Stadt, ja sogar in einem Lande wohnte? –

GURLI. Ha! ha! ha! Ja das wäre allerliebst.

SAMUEL. Was meinen Sie Miß, könnten Sie zum Beispiel mich, mich! wohl lieben und heiraten?

GURLI. Lieben? nein. Aber heiraten wohl, wenn Liddy ein Gefallen dadurch geschieht.

LIDDY. Sonderbares Geschöpf! du willst heiraten ohne zu lieben?

GURLI. Warum denn nicht? muß man denn lieben um zu heiraten!

LIDDY. Ich denke wenigstens hochachten.

GURLI. Ich muß dir sagen, liebe Liddy: Gurli weiß eigentlich gar nicht recht, was heiraten für ein Ding ist.

SAMUEL. Das findet sich wohl. Ich werde in Zukunft Gelegenheit haben, Ihnen einigen Unterricht darin zu erteilen. Vor der Hand hängt alles von einer deutlichen und vernehmlichen Beantwortung der Frage ab: wollen Sie mich heiraten, Miß?

GURLI *zu Liddy*. Siehst du es gerne?

LIDDY. Je nun – er ist mein Bruder.

GURLI. Topp! ich will dich närrischen Menschen heiraten; unter der Bedingung, daß du immer wohnst, wo mein Vater wohnt.

SAMUEL *vor sich*. Versprech ich denn das? Warum nicht? – Vor der Hand darf ich kühn jede Bedingung bewilligen. *Laut*. Die Liebe welche dich reizendes Geschöpf bald an den Mäster Samuel Smith fesseln wird, ist mächtiger als kindliche Zärtlichkeit. Es entsteht nur noch die Frage zu beantworten übrig: wann soll unsere Hochzeit sein? schöne Gurli!

GURLI. Wann du willst. *Zu Liddy*. Wirst du froh sein, wenn es bald geschieht?

LIDDY. Mir kanns recht sein.

GURLI. Nun so will ich dich gleich jetzt heiraten.

SAMUEL *erstaunt*. Gleich jetzt? Nein, dazu bin ich auf keine Weise vorbereitet. *Zu Liddy*. Das gute Mädchen hat Feuer gefangen, aber man muß doch behutsam zu Werke gehen.

LIDDY. Ich dächte Herr Bruder, du bliebst mit deiner Behutsamkeit für diesmal zu Hause und hieltest sie beim Worte, ehe sie sich anders besinnt.

SAMUEL. Alles was mir zu tun möglich, wäre folgendes: ich geh zu einem Notarius, und dann zu noch einem und bestelle sie beide auf diesen Nachmittag hieher.

LIDDY. Beide? Warum denn zwei?

SAMUEL. Einer könnte krank werden, ein Bein brechen, sich des Mittags bei Tische betrinken, oder sonst ein Hindernis eintreten. *Liddy lacht*. Lache wie du willst! Ich habe dagegen nur eine Frage aufzuwerfen: Können dergleichen Geschäfte zu vorsichtig behandelt werden? Antwort: Nein. Ich gehe, bestelle sie beide, lasse von beiden einen Kontrakt entwerfen, vergleiche sie beide, verbessere sie beide, und wähle mit gehöriger Vorsicht einen von beiden. Unterdessen schöne Braut, bitte ich um einen Kuß.

GURLI. Pfui!

SAMUEL *betreten.* Wie?

GURLI *zu Liddy.* Soll ich ihn küssen?

LIDDY. Tu es immer.

GURLI. Nun da. *Sie küßt ihn, wischt sich den Mund und ruft Samuel nach.* Das sag ich dir: wenn die Notarien hübscher sind als du, so heirat ich sie beide. *Samuel ab.*

Siebenter Auftritt

Gurli – Liddy.

LIDDY. Nun liebe Gurli, was möchtest du lieber sein, meine Schwester oder meine Tochter?

GURLI. Gurli versteht dich nicht.

LIDDY. Wenn du meinen Bruder heiratest, so sind wir Schwestern.

GURLI. Recht! Gurli freut sich darüber.

LIDDY. Gesetzt aber Liddy heiratet deinen Vater; so wird Gurli Liddys Tochter.

GURLI *sieht ihr einige Augenblicke zweifelhaft ins Gesicht.* Liddy spaßt. 167

LIDDY. Wer weiß! ich würde wohl ernst machen, wenn ich nur dahinterkommen könnte, wer dein Vater eigentlich ist? Was meinst du? könntest du mir wohl aus dem Traume helfen.

GURLI. Pst! das darf Gurli nicht ausplaudern.

LIDDY. Warum nicht? mir wohl.

GURLI. Nicht meinem Papagei, nicht meiner Katze, nicht dem Rosenstock in meinem Zimmer.

LIDDY. Aber die Ursache?

GURLI. Der Vater hats verboten.

LIDDY. Ist deines Vaters Verbot dir so heilig?

GURLI. Er hat mir in seinem Leben nichts verboten, dieses ist das erste Mal.

LIDDY *umarmt sie, gerührt.* Braves Mädchen!

GURLI. Närrische Liddy!

LIDDY. Da du so geheimnisvoll bist, so muß ich wohl meinen Schutzgeist zu Hülfe rufen.

GURLI *ängstlich.* Deinen Schutzgeist? hast du einen? ach Liddy mir ist so bange.

LIDDY. Sei ruhig, er ist ein Freund von guten Menschen.

GURLI. Ist er das? aber ist Gurli auch gewiß gut?

LIDDY. Ja, ja, Gurli ist gewiß gut!

GURLI. Nun, was sagt dein Schutzgeist?

LIDDY *tut als ob sie auf etwas horche.* Er sagt, dein Vater sei einst Nabob von Mysore gewesen.

GURLI *schmiegt sich ängstlich an Liddy.* Ach Liddy! Er hat wahrhaftig recht.

LIDDY *wie oben.* Er sagt: Gurli werde mir das übrige erzählen.

GURLI. Sagt er das? Ja dann muß Gurli wohl erzählen.

LIDDY. Aber ohne Furcht liebes Mädchen.

GURLI. So schick ihn fort.

LIDDY *macht eine Bewegung mit der Hand.* Er ging schon.

GURLI. Gewiß?

LIDDY. Ganz gewiß.

GURLI. Aber Gurli versteht sich schlecht aufs Erzählen, weiß nicht anzufangen, und nicht aufzuhören – Mein Vater war Nabob von Mysore, war gerecht und gut; sie nannten ihn die Quelle des Rechts, denn er bestrafte den Serdar wie den Wasserträger, bei ihm galt nicht Ansehen der Kasten *Weinend.* und doch haben sie ihn aus seinem Vaterlande verjagt, und seine Weiber und Kinder haben sie totgeschlagen, und nur mich haben sie leben lassen.

LIDDY. Wer hat ihn verjagt und warum?

GURLI. Sieh nur, mein Vater hat zween Brüder, ein paar häßliche garstige Menschen. Ha! ha! ha! der eine schielt und hat eine Nase so lang als eine Tare, und der andere einen Kopf, wie ein ausgehöhlter Kürbis, worin die Gaukler bei uns Schlangen stecken, ha! ha! ha! nun, sein Kopf war auch voller Schlangen. Der böse Mensch! Liddy, es gibt recht böse Menschen auf der Welt. *Mit der Faust drohend und mit dem Fuße stampfend.* Wenn ich ihn hier hätte, ich wollte mit meinen Nägeln mich in seine borstigen Haare hängen! – Er wäre auch gerne Nabob von Mysore gewesen, und der andere mit der langen Nase auch. Nun da schmiedeten sie ein garstiges Bubenstück zusammen, und brachten die Nairs auf ihre Seite, und in einer Nacht überfielen sie unser Haus – ach das war ein Schrecken liebe Liddy! und ein Schreien, Winseln, Lärmen – hu! mir schaudert noch, wenn ich an jene Nacht denke! ich sprang aus dem Bette, war ganz von Sinnen – Ha! ha! ha! meine goldene Halskette schlang ich um den Arm, und meine Schürze wickelte ich um den Kopf, *Weinend.* mein armer Vater mußte fliehen, über Stock und Stein in finsterer Nacht, und Gurli floh mit ihm. Gurli saß in einem Palankin, der alte Musaffery half den Palankin tragen *Lachend.* und weil das ungewohnte Arbeit war, so fiel er alle Augenblicke in den Kot. Endlich kamen wir an das Seeufer. Mein Vater war still und finster, sprach kein Wort; *Weinend.* Gurli mußte viel weinen um ihre arme Mutter und Geschwister. – Wir stiegen auf ein englisches Schiff, der Schiffer war ein närrischer lustiger Mensch. *Lachend.* Der machte Gurli viel zu lachen. Wir fuhren viele Tage, viele Wochen hintereinander, endlich wurde Gurli die Zeit lang, und endlich und endlich kamen wir hierher. Nun hab ich dir alles erzählet.

LIDDY. Ich danke dir und will dein Vertrauen erwidern: aber noch hast du mir nicht meine erste Frage beantwortet: ob du lieber meine Schwester, oder meine Tochter sein möchtest?

GURLI. Nun Gurli möchte lieber deine Schwester sein.

LIDDY. Warum?

GURLI. Weil Gurli schon eine Mutter hatte, eine gute, gute Mutter! Gurli kann sich keine bessere wünschen. Aber eine Schwester hat Gurli noch nicht gehabt.

LIDDY. Nun so wollen wir als Schwestern zusammen leben. Gurli ich heirate deinen Vater.

GURLI. Nein Liddy, spaß nicht mit Gurli.

LIDDY. Ich spaße nicht. Eben ging er von mir, und, Gott war der Zeuge unsers wechselseitigen Bundes.

GURLI. Wirklich? ha! ha! ha! *Sie hüpft herum schlägt Schnippchen mit beiden Händen und singt dazu, nach einer selbstbeliebigen Melodie.* Das ist mir lieb! das ist mir lieb! ich freue mich! – Liddy, ich muß dich küssen! *Sie nimmt sie mit beiden Händen beim Kopf und gibt ihr einen derben Schmatz.*

LIDDY. Glückliches Mädchen! lehre mich ein Kind zu bleiben, wie du.

GURLI. Also weiß mein Vater schon, daß du ihn heiraten willst?

LIDDY *lachend.* Freilich weiß er es.

GURLI. Schade! ich wollte, er wüßte es noch nicht. Gurli hätte es ihm so gerne zuerst gesagt.

LIDDY. Aber daß du meinen Bruder heiraten willst, das weiß er noch nicht.

GURLI. Nun das wird er zeitig genug erfahren.

Achter Auftritt

Jack – Die Vorigen.

LIDDY *als sie ihn erblickt mit einem Schrei des Erstaunens und der Freude.* Ach! Jack! wo hast du deinen Herrn?

JACK *immer sehr ehrbar und trocken.* Soeben hat man uns in den Hafen gelotset.

LIDDY *außer sich.* Gurli! Gurli! Freue dich mit mir! Bruder Robert ist gekommen! – Vater! Mutter! Bruder Robert ist gekommen! *Sie läuft hinein.*

GURLI *herumhüpfend.* Allerliebst! allerliebst! Bruder Robert ist ge-kommen! – Hör doch, wer ist Bruder Robert? –

JACK. Sir Robert und Miß Liddy sind miteinander von einem Stapel gelaufen, drum ist er ihr Bruder.

GURLI. Er ist ihr Bruder? Allerliebst! und Liddy freut sich so sehr! und Gurli freut sich auch mit, wenn Liddy sich freut. Komm her du garstiger Mensch! für die gute Nachricht muß ich dich küssen. *Sie küßt den verwunderten Bootsknecht, dreht sich um, und indem sie in ihr Zimmer hüpft.* Bruder Robert ist gekommen! Bruder Ro-bert ist gekommen! *Ab.*

JACK. Ich will verdammt sein, wenn's bei der nicht im Oberlofe spukt. An Verstand scheint sie nicht schwer geladen zu haben. Aus all den glatten Weibergesichtern mach' ich mir so viel, als aus einem aufgetrieselten Taue. Ich wollte, wir stächen wieder in die See. Was sollen wir auch hier bei den verzweifelten Landratzen! Der Alte ist gut genug; aber seine Steven sind ein bissel hinfällig. Gott weiß, wie lange er noch vor dem Winde herumtreibt. Und die Mutter ist wie ein Orkan; stürmt nie aus einer Gegend, läuft um alle Punkte des Kompasses herum.

Neunter Auftritt

Sir John welchen Liddy auf seinem Stuhl herausrollt, und Jack.

SIR JOHN. Willkommen im Hafen! alter treuer Jack!

JACK. Gott grüß Euch, Sir! wie stehts?

SIR JOHN. Nicht zum besten, lieber Jack.

JACK. Ja, ja, der alte Rumpf fängt an zu knacken, Ihr müßt Euch, wie ich sehe, schon bugsieren lassen.

SIR JOHN. Aber diesmal ist die Freude Herr über den Schmerz. Was macht mein Sohn?

JACK. Er segelt hinter mir drein. Ich denke, er muß hier sein, ehe einer noch die Querreifen in der Besansmastwand zählen kann.

SIR JOHN. Nun, ehrliches Blut, erzähl mir unterdessen etwas von deiner Reise. Hernach soll man dir und deinen Kameraden ein Faß stark Bier heraufhissen.

JACK. Obligiert. Wir lichteten die Anker bei schmuckem Wetter und günstigem Südsüdost. Der Wind sprang ein paarmal um, aber wir sind, Gott sei Dank! nie aus dem Fahrwasser gekommen.

SIR JOHN. Habt ihr auch nicht umsonst Wind und Wetter getrotzt? Habt ihr was vor euch gebracht? Sind eure Beutel brav gefüllt?

JACK. Mein Seel! unsere Beutel sind so leer, daß man sie statt der Wimpel brauchen könnte.

SIR JOHN. O weh! ihr nahmt doch eine feine Ladung mit.

JACK. Das denk ich! Eine schmucke Ladung. Auch mochten wir wohl ein fünftausend Pfund dabei gewonnen haben, aber ich will verdammt sein, wenn noch ein Schilling davon in unserer Tasche ist.

SIR JOHN. Unmöglich! Sollte Robert, uneingedenk der Not seines alten Vaters, alles wieder verschwendet haben?

JACK. Versündigt Euch nicht an Eurem Sohn, Sir. Nie hat ein ehrlicheres Blut Zwieback gekaut, das will ich behaupten. Ihr sollt wissen, daß wir auf unserer Rückfahrt ohngefähr zweihundert Seemeilen westwärts von den Kanarischen Inseln steuerten, als wir eines

171

Morgens früh in der Fern ein Dings in der See erblickten, aus dem wir nicht klug werden konnten. Nicht lange, so hörten wir ein paar Platzbüchsen knallen, und sahen ein Stück Segeltuch flattern. Holla! rief der Kapitän, das mögen wohl Notsignale sein, und bei meiner armen Seele! so wars auch. Wir zogen die Toppenants ein, und segelten beim Winde, bis das Dings näher kam. Sir, ich bin ein harter Bursche, aber *Indem er sich die Augen wischt.* ich will verdammt sein, wenn mein Bugspriet da oben sich nicht noch immer mit Spritzwasser netzt, so oft ich daran denken tue. Ein kleines lumpichtes Boot, da lagen dreiundzwanzig ausgehungerte Menschen drein, die in fünf Tagen keinen Bissen Zwieback zwischen die Zähne genommen hatten. Ihr Schiff war mitten auf der See in Brand geraten, sie hatten sich mit Müh und Angst ins Boot salviert, und trieben nun so auf gut Glück vor dem Winde herum. Noch vierundzwanzig Stunden länger, so wars um die armen Teufel geschehen. Der Kapitän, ein feiner Mann, ein Holländer, hatte außer dem Leben und seiner seemännischen Ehre, alles verloren, und daheim saß ein junges Weib mit drei kleinen Kindern, die hatten nichts zu beißen, nichts zu brocken. Wenn er davon sprach, so pumpte er helles Wasser aus beiden Lucken heraus. Das konnte mein Herr nicht mit ansehen. Kamerad, sprach er zu ihm: ich habe weder Weib noch Kind, da sind fünftausend Pfund, nehmt den Bettel hin! und somit setzt' er ihn mitsamt seinen Leuten im ersten Hafen ans Land.

SIR JOHN. Tat er das? nun dafür wolle Gott ihn segnen! und so freue ich mich, daß er nichts mitgebracht hat, und will gern meinen letzten Bissen mit ihm teilen.

LIDDY. Guter, braver Bruder! Hab' ichs nicht immer gesagt, Vater: der Robert wird einst der Stolz Ihres Alters werden?

SIR JOHN. Der Stolz und die Freude meines Alters.

172 LIDDY. Ach, da ist er!

Zehnter Auftritt

Robert – Die Vorigen – Liddy fliegt ihm in die Arme.

ROBERT *sie an sein Herz drückend.* Meine gute Liddy!

SIR JOHN *indem er sich bemüht, ihm mit seinem Stuhle entgegenzu-rutschen.* Verdammtes Podagra! Jack, hilf mir! Heda! Bursche! der Vater ist auch da!

ROBERT *ihn ein wenig ungestüm umarmend.* Bester Vater!

SIR JOHN. Auweh! du Wetterjunge! weißt du nicht, daß ich das Podagra habe? – Nu, nu, es ist schon vorüber; komm, komm! – da dieser Kuß, und dieser Händedruck sind Zeichen meiner Freude über deine Ankunft; und dieser Segen *Indem er die Hand auf ihn legt.* sei Lohn deiner edlen Tat.

ROBERT. Welcher, mein Vater?

LIDDY. O wir wissen schon alles.

ROBERT *unwillig zu Jack.* Hat Jack einmal wieder alten Weiber-schnack vom Stapel laufen lassen?

JACK. Mein Seel Herr! nehmt mir's nicht übel, das Maul wurd' mir flott.

SIR JOHN. Herein! Herein! ihr beiden rüstigen Bursche! die Mutter ist hinten in ihrer Kammer und hält Betstunde. Die wird denn doch auch einmal ein freundlich Gesicht machen. *Indem er mit seinem Stuhl rutscht.* Fort! fort! helft dem armen alten Sünder, daß er vorwärts kommt!

JACK. Ich will mich in die Arrièregarde stationieren. *Er schiebt hinten. Alle drei ab.*

Eilfter Auftritt

LIDDY *allein.* Wie ist mir? Ach! es ist mir wunderlich zumute! Ich hatte nicht das Herz zu fragen, wo er bleibt? – Ist er wieder mitge-kommen? oder hat man ihn in Westindien gelassen? oder ist er krank? oder tot? – ach! – was geht das mich an? – was hab' ich darnach zu fragen? – das Schicksal will mich prüfen, ob mirs auch rechter Ernst ist, die erste Neigung meines Herzens der kindlichen Liebe aufzuopfern. Mir schien das so leicht – ach! es ist nicht so leicht, als ich dachte. Nun, um so rühmlicher ist der Sieg. – Aber seine Freundin darf ich doch bleiben – wissen möcht' ich doch, was aus ihm geworden – der Wunsch ist nicht strafbar. Wenn Jack herauskommt, werd' ich ihn fragen.

Zwölfter Auftritt

Fazir – Liddy.

FAZIR *fliegt auf Liddy zu, und ergreift ihre Hand.* Da ist sie! da ist sie! ach liebe Miß! Fazir ist wieder da, und freut sich, und freut sich – gute, liebe Miß, Fazir kann das nicht so mit Worten ausdrücken, als er gern wollte. Sind Sie immer gesund gewesen? sind Sie immer froh gewesen? haben Sie auch zuweilen an den armen Fazir gedacht?

LIDDY *sehr verwirrt.* Recht oft – nur heute nicht.

FAZIR. Das hat mein guter Geist wohl gewußt, drum blies er mit vollen Backen unsere Segel auf, husch! husch! sind wir da, und nun, liebe Liddy, müssen Sie wohl an mich denken. – Aber Sie freuen sich gar nicht, mich wiederzusehen. Sie sollten sich eben nicht so freuen, wie ich mich freue; aber doch ein wenig, ein klein, klein wenig, denn ich bin Ihnen so gut.

LIDDY *bewegt, reicht ihm ihre Hand.* Gewiß, ich freue mich.

FAZIR *ihre Hand mit Inbrunst küssend.* Gewiß, ich habe es verdient, daß Sie mir auch ein wenig gut sind, ich habe immer und immer so viel an Sie gedacht, und an nichts gedacht als an Sie. Wenn die Sonne heraufstieg aus dem Meere, dann breitete ich meine Arme aus und betete – ich glaubte für mich zu beten, und ich betete für Liddy. Wenn die See spiegelglatt war und sanft, dann sucht ich Liddys Bild darin – und ich fand es auch – denn ich fand es allenthalben, wo ich es suchte – ach! und ich fand es auch wohl ohne es zu suchen.

LIDDY *wendet sich und wischt sich eine Träne aus den Augen.* Bild meines armen kranken Vaters! unterstütze mich in dieser Stunde!

FAZIR. Und als endlich die Küste von England in blauer Ferne vor uns lag – ach Liddy! hätten Sie da den närrischen Fazir gesehen, wie er sich freute! Es war gestern abend. Die ganze Nacht mußte ich auf dem Verdeck herumtanzen, und als der Morgen dämmerte, da kam ein Vogel vom Lande hergeflogen, und setzte sich auf unsern Mast; ich rief ihm zu, ich lockte ihm, ich pfiff ihm, ich hätt ihn küssen mögen! Vielleicht, dacht ich, ist Liddy gestern spazierengegangen, und dieser Vogel hat ihr was vorgesungen.

LIDDY *beiseite.* Nein, ich muß das endigen, es wird zuviel für mein armes Herz – *Stockend.* Wissen Sie auch schon, Fazir – daß ich Braut bin?

FAZIR *sehr erschrocken, antwortet mit einem langen.* So? *Eine lange Pause – Liddy schlägt die Augen nieder, Fazir ihr die Hand reichend, sehr traurig.* Leben Sie wohl, liebe Miß.

LIDDY. Wo wollen Sie hin?

FAZIR. Ich – ich will fort – auf die See – in die See! – Leben Sie wohl, liebe Miß! *Er hält ihre Hand, sie schweigt, eine Pause.* Ja, ich will fort, – aber ich kann nicht – wahrhaftig ich kann nicht. *Eine Pause.* Miß Liddy ist wirklich Braut?

LIDDY. Wirklich.

FAZIR. Wird die gute Liddy auch glücklich sein?

LIDDY. Sie hofft es.

FAZIR. Nun Fazir wird nicht glücklich sein! aber das tut nichts, wenn nur Liddy glücklich ist! – darf ich ihn wissen den Mann, der Liddy's Herz gewonnen hat? – Nein, nein, ich mag ihn nicht wissen, ich hasse niemanden, er hat mir ja nichts zuleide getan! – ach ja! er hat mir sehr viel zuleide getan!

LIDDY *sehr gerührt, ihm ihren Mund zum Kuß darreichend.* Bleiben Sie mein Freund!

FAZIR. Ja liebe Miß, Fazir läßt sich für Sie totschlagen. – Ach! nun sind es anderthalb Monate, da hatten wir einen starken Sturm; mir war bange zu sterben, denn ich wollte Liddy noch gerne wiedersehen. Ich war ein Narr, mich vor dem Tode zu fürchten; es wäre besser gewesen, ich hätte Liddy nicht wiedergesehen.

LIDDY. Wollen Sie nicht meinen Vater und meine Mutter besuchen?

FAZIR. O ja Miß, wenn Sie befehlen. Ich will alles tun, was Sie befehlen.

LIDDY *ihn bei der Hand ergreifend.* Kommen Sie! Kommen Sie! es ist für uns beide nicht gut, daß wir hier so zusammenstehen, und über Dinge plaudern, die nicht mehr zu ändern sind. *Sie will ihn fortführen.*

Dreizehnter Auftritt

Mistriss Smith – Robert – Jack – Vorige.

MISTRISS SMITH. Aber, mon fils, das ist gar nicht nobel von dir, daß du dein sauer erworbenes Eigentum so liederlich dissipiert hast.

ROBERT. Um Vergebung, liebe Mutter, das ist das nobelste, was ich in meinem Leben getan habe.

MISTRISS SMITH. Wodurch willst du nun deinem Stand Ehre machen?

ROBERT. Durch meine Gesinnungen.

MISTRISS SMITH. Recht mon fils, diese Phrase war nobel, *Indem sie Fazir erblickt.* Bon jour, Monsieur Fazir, je suis charmé de vous revoir en bonne santé. *Zu Robert fortfahrend.* Aber man muß auch die Dehors nicht negligieren, die Sonne bleibt zwar immer Sonne, wenn sie gleich hinter einem Nebelschleier sich kaschiert; doch das Auge blendet sie nur dann, wenn sie mit all ihren Strahlen dekoriert erscheinet. Was dünkt dir von dieser Allegorie?

ROBERT. Sehr schön liebe Mutter, aber ich bin keine Sonne, und will keines Menschen Auge blenden.

MISTRISS SMITH. So wünscht ich zum mindesten du hättest ihren Strahlen einige Wärme abgeborgt. Du ignorierst nicht, daß in diesem Hause der Mangel herrscht, daß wir auf deine gesegnete Rückkunft mit Schmerzen harrten.

ROBERT *die Achsel zuckend.* Mein Seel! das tut mir leid! Aber wäre ich in jenem Augenblick Herr einer Million gewesen, bis auf den letzten Schilling wäre sie aus meiner Tasche geflogen.

LIDDY. Liebe Mutter, unser Mangel wird in kurzem verschwinden, wenn Sie Ihre Einwilligung und Ihren Segen mir nicht versagen wollen.

MISTRISS SMITH. Segen soviel du willst; aber Einwilligung – wozu? wenn es mit der Ehre compatible ist –

LIDDY. Ich denke. Unser Mietmann hat um meine Hand geworben.

MISTRISS SMITH *in einem erhabenen spöttischen Ton.* So?

LIDDY. Er ist ein braver Mann.

MISTRISS SMITH. So?

LIDDY. Reich.

MISTRISS SMITH. So?

ROBERT *Liddy die Hand reichend.* Ich wünsche dir Glück dazu; von Herzen.

FAZIR *mit einem Seufzer.* Auch ich, liebe Miß.

JACK *mit einem Kratzfuß.* Immer schmuckes Wetter, und guten Wind auf die Fahrt!

MISTRISS SMITH. Nicht so eilig, wenn ich bitten darf. Liddy, du kennst meine Sentiments.

LIDDY. Ich kenne sie, aber wenn ich Ihnen beweise, liebste Mutter, daß seine Herkunft ohne Tadel ist? –

MISTRISS SMITH. Das würde dem Ding eine andere Tournüre geben.

LIDDY. Sie sollen es bald aus seinem eignen Munde hören, er versprach in wenig Minuten Ihnen seine Aufwartung zu machen.

MISTRISS SMITH. Versprach er das? So müssen wir uns wohl ein wenig auf seinen Empfang vorbereiten. Geschwind Liddy, ehe er uns hier im Vorsaal überrascht. Aber das sag ich dir: deine Mutter ist eine Kennerin. An der Art, sich bei einer so delikaten Affäre zu benehmen, werde ich sogleich den homme de qualité zu unterscheiden wissen. Folge mir! *Ab mit Liddy.*

Vierzehnter Auftritt

Robert – Fazir – Jack.

ROBERT. Sie läßt mir nicht einmal Zeit meine Schwester um den Namen ihres Bräutigams zu fragen.

JACK. Er wird sich doch wohl nicht schämen seine Flagge sehen zu lassen.

FAZIR. Er muß ein guter Mann sein, weil Liddy ihn liebt.

ROBERT. Auch mein Bruder Samuel schmiegt seinen vorsichtigen Hals in das Joch des Ehestandes? Hm! Soll ich denn allein durch die Welt segeln? was meinst du Jack?

56

JACK. Ich denke Sir, Ihr laßt das Heiraten bleiben. Wer an einem Weibe ankert, der liegt auf einem verdammt schlimmen Grunde, und kann am Ende das Kabeltau nicht lichten, sollt' es ihm auch das Leben kosten. Ein kleiner Abstecher zuweilen, ist gut; aber zur Lebensreise muß man sich mit keinem Weibe einschiffen, man geht beim ersten Unwetter zugrunde.

ROBERT. Denkst du auch so Fazir?

FAZIR. Ich denk, es sei am besten zu sterben.

ROBERT. Zu sterben? Bist du toll? Jack! was ficht unsern jungen Kameraden an?

JACK. Ich denk, er mag wohl eine schwere Liebesfracht geladen haben.

ROBERT. Erraten, Fazir?

FAZIR. Guter Robert! ja ich liebe.

ROBERT. Was zum Teufel! wir sind ja kaum ein paar Stunden in dem Hafen? du fängst verdammt schnell Feuer.

FAZIR. O ich liebte ehe wir noch abreisten.

ROBERT. Und hast mir nie ein Wörtchen davon gesagt?

FAZIR. Ich liebte so heimlich im stillen, du hättest mich doch nicht verstanden.

ROBERT. Höre Schatz das war dumm! wenn wir so zuweilen bei Windstillen auf dem Verdeck im warmen Sonnenscheine lagen, und das Schiff wie angenagelt auf einem Fleck stand; dann hättest du mir wohl erzählen mögen, wie der Sturm in deinem Herzen wüte. Oder wie? Hat Robert dein Vertrauen nicht verdient? Bin ich nicht der einzige der um das Geheimnis deines Standes weiß? und hab' ich dich verraten?

FAZIR *an seinem Halse.* Vergib mir Bruder! es ist nicht Undankbarkeit! wahrlich nicht! Du hast mich vom Tode errettet, hast einst mit Gefahr deines eignen Lebens der Grausamkeit meiner Verfolger mich entrissen. Ich werde das nie vergessen, gewiß! ich bin nicht undankbar!

ROBERT. Schon gut! schon gut! es war mein Wille nicht, einen Dank von dir zu erpressen. Freundschaftliches Vertrauen such' ich. Wer ist dein Mädchen?

FAZIR. Mein Mädchen? Ach nein! Das Mädchen das ich liebe heißt Liddy.

ROBERT. Liddy? zum Teufel! meine Schwester?

FAZIR. Ja, sie ists.

ROBERT. Armer Junge! nun versteh' ich warum du sterben willst. Du hast dich wohl recht herzlich aufs Wiedersehen gefreut, und findest sie als Braut – pfui! das ist ein schlimmer Handel. Uns beiden, wie ich merke ist der Ehestandswind nicht günstig. Laß uns noch eine Weile herumkreuzen und statt der Liebe die Freunschaft zum Kompaß nehmen. Du sollst mein Fockmast sein, und Jack da mein Besansmast. So denk ich noch durch manchen rauhen Wind mit euch zu segeln; aber wenn ihr mich verlaßt, so liegt all meine Takelage darnieder.

JACK. Wenn ich jemals euch verlasse, so sollt ihr mich kielholen lassen.

ROBERT *zu Fazir*. Munter, braver Junge! säubere dein Bugspriet vom Spritzwasser und winde alle deine Courage auf. Kommt Bursche! Hier im Hause ist das Wetter trübe geworden; wir wollen in der nächsten Taverne zusammen speisen, und die Gläser leeren, auf Liddy's Wohlergehen!

FAZIR. Ja, auf Liddy's Wohlergehen! Kommt.

Ende des zweiten Aufzugs.

Dritter Aufzug

Erster Auftritt

Die beiden Notarien Mäster Strussel und Mäster Staff komplimentieren sich noch in der Türe miteinander.

MÄSTER STRUSSEL. Unvermutete Freude!

MÄSTER STAFF. Angenehme Überraschung!

MÄSTER STRUSSEL. Mäster Staff auf meinem Wege anzutreffen.

MÄSTER STAFF. Mäster Strussel hier zu finden.

MÄSTER STRUSSEL. Bitte hineinzuspazieren.

MÄSTER STAFF. Wird nicht geschehen.

MÄSTER STRUSSEL. Muß geschehen! Muß geschehen!

MÄSTER STAFF. Bin nicht so unhöflich, weiß recht gut, daß der erste Platz unter den Rechtsgelehrten meinem würdigen Freunde, Mäster Strussel gebührt.

MÄSTER STRUSSEL. Späßchen! Späßchen! Doch wozu die Umstände unter einem Paar solcher Herzensfreunde! *Er zieht ihn mit sich herein.*

MÄSTER STAFF. Jawohl Herzensfreunde! Sie *Schütteln sich wechselseitig die Hände und sagen beide zugleich beiseite.* Hol dich der Teufel!

MÄSTER STRUSSEL. Wie stehts zu Hause? Alles noch wohlauf?

MÄSTER STAFF. Zu Befehl! So oft ich heimkomme, fragt man mich: ob ich meinen vortrefflichen Freund Mäster Strussel nicht gesehn habe? Und wie stehts bei Ihnen? was macht Jacobchen mein kleiner Pate?

MÄSTER STRUSSEL. Ein spaßhafter Schäker! ich predige ihm täglich vor, daß er sich nach seinem vortrefflichen Paten dem Mäster Staff bilden soll. *Beide machen Kratzfüße gegeneinander; beiseite.* Der Esel!

MÄSTER STAFF *beiseite.* Der Ochse.

MÄSTER STRUSSEL *beiseite.* Was will er hier?

MÄSTER STAFF *beiseite.* Welcher Teufel hat ihn hergeführt?

MÄSTER STRUSSEL. Mein lieber Herr Mitbruder hat vermutlich Geschäfte hier?

MÄSTER STAFF. Erraten! Und mit meinem werten Herrn Kollegen wird sichs wohl gleichergestalt verhalten?

MÄSTER STRUSSEL. Zu dienen. Darf man so kühn sein zu fragen welche Art von Geschäften –

MÄSTER STAFF. Eine Kleinigkeit; ein Ehekontrakt.

MÄSTER STRUSSEL *dem der Kamm zu schwellen beginnt.* So? ein Ehekontrakt? Ei! Ei! Späßchen! ich bin aus der nämlichen Ursache hier.

MÄSTER STAFF. Ei! Ei! So ist ja dieses Haus recht gesegnet? Mich hat der Herr Zollinspektor Samuel Smith herbeschieden.

MÄSTER STRUSSEL. Ei! Ei! der nämliche hat auch mich bestellt.

MÄSTER STAFF. Ei! Ei! Kurios! und kaum glaublich.

MÄSTER STRUSSEL *hitzig.* Glaublich oder nicht, Mäster Staff, aber doch wahr.

MÄSTER STAFF. Sie werden sich irren Herr Konfrater!

MÄSTER STRUSSEL. Ich irre mich nie Herr Konfrater! und ein für allemal, Herr Konfrater! Sie sind ein gewissenloser Mann, der nur drauf ausgeht, seinem Nebenmenschen das Brot wegzuschnappen.

MÄSTER STAFF. Wie Herr Konfrater, Sie unterstehen sich?

MÄSTER STRUSSEL. Ja Herr Konfrater, ich unterstehe mich.

MÄSTER STAFF. Es wird Ihnen übel bekommen, Herr Konfrater!

MÄSTER STRUSSEL. Das wollen wir sehen Herr Konfrater!

MÄSTER STAFF. Sie werden am besten tun, Herr Konfrater, wenn Sie wieder dahin gehen wo Sie hergekommen sind.

MÄSTER STRUSSEL. Und Sie werden am besten tun, wenn Sie zum Teufel gehen!

MÄSTER STAFF. Da müßte ich Sie nach Hause begleiten.

MÄSTER STRUSSEL. Ich würde mich schämen, mit Ihnen über die Straße zu gehen.

MÄSTER STAFF. Die Leute würden sich wundern, Sie doch auch einmal in honetter Gesellschaft zu sehen.

MÄSTER STRUSSEL. In honetter Gesellschaft bin ich immer, wenn ich nicht in der Ihrigen bin.

MÄSTER STAFF. Herr Sie weiden grob.

MÄSTER STAFF. Und Sie sind es schon.

MÄSTER STAFF. Wenn Sie nicht bald gelindere Saiten aufspannen, so werde ich Ihnen meine Faust zu fühlen geben.

MÄSTER STRUSSEL. Immer her damit! ich habe schon lange gewünscht, mich einmal mit solch einem Windhunde zu boxen.

MÄSTER STAFF. Vortrefflich! obgleich es mir nicht viel Ehre machen wird ein solches Mastschwein unter die Füße zu treten. *Beide werfen ihre Oberkleider und Perücken ab, und setzen sich in Positur zweier Faustkämpfer.*

Zweiter Auftritt

Der Visitator – Die Vorigen.

VISITATOR *sogleich zwischen sie springend.* Geschwinde! geschwinde! was zum Henker! meine Herren! ich glaube, Sie wollen sich in aller Eil ein wenig boxen.

MÄSTER STRUSSEL *auf Mäster Staff zeigend.* Sie sind der Schutzengel dieses Menschen.

MÄSTER STAFF *auf Mäster Strussel zeigend.* Ihnen verdankt er sein Leben. *Sie holen ihre Kleider und Perücken wieder hervor.*

MÄSTER STRUSSEL. Aber wir finden uns wieder, Mäster Staff.

MÄSTER STAFF. Ja, ja, wir werden uns finden, Mäster Strussel.

VISITATOR. Wollen Sie nicht die Güte haben mir zu entdecken, warum Sie gesonnen waren, sich hier in aller Geschwindigkeit die Hälse zu brechen?

MÄSTER STRUSSEL UND MÄSTER STAFF *beide aus vollem Halse schreiend.*

DER EINE. Er behauptet Sir Samuel Smith habe ihn herbestellt wegen eines Ehekontrakts, den er doch nur mir allein aufgetragen auszufertigen, und in allen seinen Punkten wohl zu verklausulieren.

DER ANDERE. Er ist so unverschämt, zu behaupten, man habe seiner ungeübten Feder einen Ehekontrakt anvertraut, dessen Hauptinhalt Sir Samuel Smith vor wenig Stunden mir in die Feder diktiert.

VISITATOR *sich beide Ohren zustopfend.* Oh weh! meine Herren, o weh! das Trommelfell wird mir platzen.

Dritter Auftritt

Samuel – Die Vorigen.

BEIDE NOTARIEN *auf Samuel zustürzend.* Hier ist der Kontrakt! Sir!

SAMUEL. Vorsichtig! meine Herren! vorsichtig! Sie werden mich über den Haufen rennen.

MÄSTER STRUSSEL. Erscheine ich nicht allhier auf Ihren Befehl?

SAMUEL. Jawohl.

MÄSTER STAFF. Haben Sie mich nicht herbestellt?

SAMUEL. Jawohl.

MÄSTER STRUSSEL. Haben Sie mir nicht aufgetragen, einen Ehekontrakt für Sie auszufertigen?

SAMUEL. Jawohl.

MÄSTER STAFF. Sollt ich nicht einen Ehekontrakt für Sie mitbringen?

SAMUEL. Jawohl.

MÄSTER STRUSSEL. Nun Mäster Staff?

MÄSTER STAFF. Nun Mäster Strussel?

MÄSTER STRUSSEL. Aber darf man fragen, Sir, warum Sie zween der berühmtesten Rechtsgelehrten in einer Sache bemühen, wo allenfalls auch ein halber hinlänglich gewesen wäre?

SAMUEL. Warum? Hätte denn nicht einem von Ihnen ein Unfall zustoßen können, der ihn gehindert hätte, zu der bestimmten Zeit zu erscheinen?

MÄSTER STAFF. Nicht weislich Sir, nicht weislich! Sie hätten dadurch beinahe einen blutigen Streit zwischen mir und meinem würdigen Konfrater, dem Mäster Strussel veranlaßt.

MÄSTER STRUSSEL. Sehr unbedachtsam Sir, ein paar alte Herzensfreunde so um nichts und wieder nichts in Harnisch zu jagen.

MÄSTER STAFF. Wenn wir uns beide nicht so sehr liebten –

MÄSTER STRUSSEL. Und so sehr hochschätzten – *Beide sich die Hände reichend.* Hä! hä! hä! es bleibt doch beim alten?

MÄSTER STAFF. Unsere Freundschaft ist felsenfest!

MÄSTER STRUSSEL. Trotz Sturm und Ungewittern.

VISITATOR. Eilig geboxt und schleunig wieder vertragen. Eine solche Geschwindigkeit ist lobenswert.

SAMUEL. Wo sind die Kontrakte?

BEIDE. Hier!

SAMUEL. Ich ersuche Sie, langsam und deutlich zu lesen.

MÄSTER STRUSSEL. Lesen Sie Mäster Staff.

MÄSTER STAFF. Ich bitte Mäster Strussel lesen Sie.

MÄSTER STRUSSEL. Bewahre der Himmel! ich kenne meine Pflicht.

MÄSTER STAFF. Und ich die meinige.

MÄSTER STRUSSEL. Wozu die Umstände? ein paar berühmte Männer wie wir, können einen Ehekontrakt doch nur auf einerlei Manier anfertigen, es ist also gleichviel, welcher von uns beiden liest.

MÄSTER STAFF. Eben deswegen.

MÄSTER STRUSSEL. Nun wenn Sie durchaus befehlen. *Er zieht seine Brille hervor und liest.* Kund und zu wissen sei hiermit einem jeden, dem es zu wissen nötig –

MÄSTER STAFF *welcher sein eignes Manuskript zu Rate zieht.* Mit Erlaubnis: Herr Konfrater, es muß heißen, Kund und zu wissen sei hiermit einem jeden dem davon gelegen –

MÄSTER STRUSSEL *auffahrend.* Wieso Herr Konfrater?

MÄSTER STAFF. Weil der mögliche Fall eintreten kann, daß es manchem sehr nötig zu wissen, dem jedoch gar nichts daran gelegen. Umgekehrt hingegen, kann niemanden daran gelegen sein, dem es nicht auch nötig sein sollte zu wissen.

MÄSTER STRUSSEL *spöttisch.* Eine sehr feine Distinktion.

MÄSTER STAFF *ebenso.* Freilich nicht für jedermanns Gehirn.

MÄSTER STRUSSEL. Sie sind ein Ignorant Herr Konfrater.

MÄSTER STAFF. Wie? was? ich ein Ignorant? Wenn ich meine Gelehrsamkeit unter neunundneunzig Menschen teilte, so sind sie alle so gelehrt, als Mäster Strussel.

MÄSTER STRUSSEL. Ja, wenn Sie es vorher schon waren.

SAMUEL. Um Verzeihung Mäster Strussel, ich glaube Mäster Staff hat recht.

MÄSTER STRUSSEL. Wie? Er hat recht?

SAMUEL. Die Vorsicht gebietet die allerbestimmtesten Ausdrücke zu wählen.

MÄSTER STRUSSEL. Sie sind ein Narr mit Ihrer Vorsicht.

MÄSTER STAFF, SAMUEL UND DER VISITATOR *zugleich.* Ein
Narr? Ein Narr? Er Grobian! pack Er sich fort! Marsch! die Treppe
hinunter! *Sie fallen alle drei über ihn her und transportieren ihn
nach der Tür.*
MÄSTER STRUSSEL *indem er hinausgeworfen wird.* Und ich sage,
es muß heißen: Kund und zu wissen sei hiermit einem jeden dem
es zu wissen nötig.
SAMUEL. Nun Mäster Staff, nun werden wir ruhig, und mit gehöriger
Vorsicht den Kontrakt untersuchen können. Lesen Sie!
MÄSTER STAFF *setzt die Brille auf und liest.* Kund und zu wissen
sei hiermit einem jeden, dem daran gelegen –
MÄSTER STRUSSEL *steckt den Kopf durch die Tür.* Einem jeden,
dem es zu wissen nötig!
VISITATOR *ihn wegjagend.* Geschwinde! Geschwinde! Fort! fort!
fort!

Vierter Auftritt

Kaberdar aus seinem Zimmer – Die Vorigen.

KABERDAR. Nein, länger ist es nicht auszuhalten! darf ich fragen
Sir, ob die bösen Geister ihr Spiel vor meiner Türe treiben?
VISITATOR. Soeben haben wir ihn in der größten Geschwindigkeit
hinausgeworfen.
KABERDAR. Wen? den bösen Geist?
MÄSTER STAFF. Jawohl bösen Geist! Dämon! Kakodämon! Spiritus
infernalis!
SAMUEL. Wir sind hier versammelt Sir, um wegen des Glücks Ihrer
Tochter miteinander zu beratschlagen.
KABERDAR. Was geht Sie das Glück meiner Tochter an?
SAMUEL. Antwort: sehr viel. Miß Gurli fühlte, daß sie einem vorsich-
tigen, seine Worte abwiegenden, und seine Schritte abmessenden
Gefährten auf der schlüpfrigen Bahn dieses Lebens vonnöten habe:
Ihre vernünftige, lobenswürdige und untadelhafte Wahl, fiel auf
mich, und es entsteht anjetzo nur noch die Frage: hat Gurlis Vater
nichts gegen unsere Verbindung einzuwenden? Antwort?

KABERDAR *sieht ihn starr an, schüttelt den Kopf, kehrt sich dann um, öffnet die Tür seines Zimmers und ruft.* Gurli!

GURLI *inwendig.* Vater!

KABERDAR. Komm heraus!

Fünfter Auftritt

Gurli – Die Vorigen.

GURLI. Was willst du Vater? *Sie erblickt den Notarius.* ha! ha! ha!

KABERDAR. Ernsthaft Gurli.

GURLI *streichelt ihm die Backen.* Was befiehlt mein Vater?

KABERDAR *auf Samuel deutend.* Willst du diesen Mann heiraten?

GURLI. Ich hab' es Liddy versprochen.

KABERDAR. Liebst du ihn?

GURLI. Ich liebe Liddy.

KABERDAR. Aber Liddy wird nicht dein Gemahl, sondern er.

GURLI. Aber er ist Liddys Bruder.

KABERDAR *beiseite.* Das ist sein größtes Verdienst.

GURLI. Und er wird immer wohnen wo du wohnst, Vater, Gurli wird dich nie verlassen und Liddy wird auch da wohnen. Nicht wahr närrischer Samuel?

SAMUEL. Antwort: Ja!

KABERDAR. Du hoffest also glücklich mit ihm zu werden?

GURLI. Mit ihm allein nicht, aber mit ihm, mit dir und mit Liddy.

KABERDAR. Nun Gott segne euch! ich habe nichts dagegen einzuwenden. *Er umarmt seine Tochter und nachher Samuel, der sich dabei mit vieler Feierlichkeit benimmt.* Sir Sie werden zugleich mein Sohn und mein Bruder.

SAMUEL. Doppelte Ehre! doppeltes Vergnügen! doppelte Zufriedenheit!

KABERDAR. Wenn es nämlich doppelt gelingt.

SAMUEL. Kein Zweifel. Wäre es Ihnen nun gefällig, den Kontrakt vorlesen zu lassen?

KABERDAR. Mir gleichviel, denn mich kann er nur in einem Punkte betreffen; in dem Punkte der Aussteuer.

MÄSTER STAFF. Da haben wir Platz gelassen. *Indem er ihm das Papier zeigt.*

KABERDAR. Und zwar so viel, daß man den Titel eines großen Königreichs mit allen Provinzen, die es besitzt und nicht besitzt, hineinschreiben könnte. Haben Sie mich für so reich gehalten Sir?

SAMUEL. Für sehr reich und sehr großmütig.

KABERDAR. Wirklich! dann muß ich ein seltner Mensch sein, denn reich und großmütig fand ich noch nie beisammen. Doch jede Tugend kann ausarten, so auch die Großmut. Sie wissen Sir, ich stehe auf dem Sprunge selbst wieder zu heiraten und sehr möglich, daß einst noch ein Dutzend Kinder Anspruch auf meine väterliche Großmut machen.

SAMUEL *verlegen.* Ja, ja.

VISITATOR. Ei! ei!

MÄSTER STAFF. Hm! hm!

KABERDAR. Wieviel halten Sie daher für notwendig um mit meiner Tochter nicht dürftig und nicht im Überflusse, nicht karg, und nicht verschwenderisch leben zu können?

SAMUEL. Je nun, in solchen Fällen muß man immer lieber zuviel, als zuwenig berechnen.

KABERDAR. Und wenn uns nun auf der Mittelstraße eine Summe von zehntausend Pfund aufstieße?

SAMUEL *freundlich.* Ach die würden wir nicht liegen lassen.

VISITATOR. Geschwinde! geschwinde aufheben!

MÄSTER STAFF. Und die Zahl derselben in diesen leeren Platz einschalten.

SAMUEL. Überdies schmeichle ich mir mit einer geneigten Antwort auf folgende Frage: wenn der Himmel unsere Ehe mit Kindern segnet –

GURLI. Ha! ha! ha! Hör doch! bekommen wir denn auch Kinder?

SAMUEL. Ich hoffe es.

GURLI. Da wird Gurli viel lachen müssen. Gurli hat noch nie Kinder gehabt.

MÄSTER STAFF. Hora ruit: das heißt: die edle Zeit verstreicht. Wär' es Ihnen gefällig durch die Unterschrift der Kontrahenten diesem Kontrakt die gehörige Gültigkeit, Festigkeit und Unauflöslichkeit zu erteilen?

SAMUEL. Wohl gesprochen. Geh' Er, mein lieber Visitator und beruf Er meine Familie hieher. Sämtliche Personen müssen bei dieser Feierlichkeit gegenwärtig sein. *Visitator ab.* Noch eine Frage werden Sie gütigst erlauben: die Früchte welche aus dieser Eheverbindung zu erwarten stehen, in welcher Religion sollen sie erzogen werden? Antwort? –

KABERDAR *ein wenig warm.* Erziehen Sie sie zu ehrlichen Männern, übrigens machen Sie mit ihnen was Sie wollen.

Sechster Auftritt

Sir John – Mistriss Smith – Liddy – Visitator – Die Vorigen.

VISITATOR. Sie kommen, sie kommen.

MISTRISS SMITH *nachdem sie den Anwesenden eine nachlässige Verbeugung gemacht, schnell auf ihren Sohn zufahrend.* Mon fils! du erblickst deine Mutter au désespoir! willst du der Barbar sein, der Holzäpfel auf einen Pfirsichbaum, pfropft?

SAMUEL *indem er sie zu sich zieht.* Keine Rose ohne Dornen. *Ihr geheimes Gespräch beginnt.*

GURLI *zu Liddy.* Nun Schwesterchen, bist du mit Gurli zufrieden?

LIDDY. Gurli ist ein gutes Mädchen.

SIR JOHN *zu Kaberdar.* Sir, Sie haben einen alten Mann in der Philosophie seines Lebens ganz irre gemacht. Hätte man mir gesagt, fahr hinaus auf die Landstraße, wo täglich tausende vorübergehen, dort wirst du einen Schatz finden; wahrlich! ich hätte es eher geglaubt, als einen reichen Mann anzutreffen, der sich großmütig mit einer heruntergekommenen Familie, ohne Rang und Vermögen verbinden will.

KABERDAR. O weh Sir! welch ein Land ist Ihr Europa, wenn das was Sie sagen Ihr Ernst war? Bei uns brütet die warme Sonne nicht solchen Unsinn aus.

SIR JOHN. Ihre Hand Sir. Ich habe so lange den Druck von der Hand eines Biedermannes entbehrt. Sie sind mein Arzt, Sie gießen neue Kraft und neues Leben in die Adern eines Greises.

KABERDAR. Ich tue nichts umsonst, meine Belohnung ist eine Perle *Indem er zärtlich nach Liddy blickt.* wie weder Ceylon, noch das

67

glückliche Arabien, weder Japan, noch die Margareteninsel sie liefern. *Er spricht mit Liddy.*

VISITATOR *zu Mäster Staff.* Alles schon gut; aber dergleichen Dinge müssen eilig und schleunig betrieben werden.

MÄSTER STAFF. Jawohl. Vor allen Dingen müssen die Formalitäten beobachtet werden. Liebe, Dank, Glückseligkeit und was dergleichen Schnickschnack mehr ist, findet sich am Ende alles von selbst.

SAMUEL. Aber liebe Mutter, wenn Sie auch aus Ihrem Stammbaum ein Ragout machen lassen, so legen wir uns doch jeden Abend hungrig zu Bette.

MISTRISS SMITH. Ei mein Sohn! ich abandonniere dich! denn ich sehe, verschwendet ward die edle Muttermilch, die ich dir eingeflößt habe.

GURLI *welche sich hinter sie geschlichen, steckt den Kopf zwischen beide.* Was schwatzt ihr da so heimlich miteinander?

MISTRISS SMITH. Eine feine Lebensart! nie werde ich es wagen dürfen, dieses Geschöpf in einen brillanten Zirkel einzuführen.

KABERDAR *ein wenig empfindlich.* Ich hoffe Madam, sie werde einst eine bessere Figur im häuslichen Zirkel ihrer Kinder spielen.

MISTRISS SMITH *spöttisch.* Freilich, eine gute Hausmutter hat auch Verdienst.

SIR JOHN. In jedem Stande. Davon ist unsere Königin ein erhabenes Beispiel.

SAMUEL. Wir verplaudern die edle Zeit.

VISITATOR. Jawohl! jawohl!

GURLI. Nun so mach fort!

MÄSTER STAFF. Der Kontrakt ist zur Unterschrift bereit.

SAMUEL. Wohlan denn! hier ist Feder und Dinte *Indem er das Papier zurechte legt.* auf dieses Plätzchen wird Miß Gurli ihren Namen schreiben.

GURLI. Glaubst du, närrischer Mensch, Gurli verstünde nicht zu schreiben? Gib her! *Sie nimmt die Feder.*

KABERDAR *unruhig.* Noch einmal, meine Tochter, besinne dich wohl! das Glück deines Lebens hängt an einem einzigen Worte. Hast du einmal geschrieben, so ist dein Versprechen unwiderruflich.

GURLI. Lieber Vater, Gurli will immer drauflosschreiben, sieh nur, Liddy sieht mich so wehmütig an, und der alte Mann da scheint es auch zu wünschen, der alte Mann gefällt mir; er sieht so ehrlich aus.

KABERDAR. In Gottes Namen! es ist dein freier Wille, deines Vaters Segen, und – so Gott will – ein guter Engel sei mit dir! *Gurli will schreiben.*

SAMUEL. Halt! schöne Gurli! halt noch einen Augenblick! mir wird auf einmal so ängstlich. Ist denn auch gewiß nichts vergessen? keine Klugheitsregel? keine Klausul?

MÄSTER STAFF. Nichts, nichts. Mäster Staff hat für alles gesorgt.

SIR JOHN. Mein Sohn! dein Betragen verrät wenig zartes Gefühl.

MISTRISS SMITH. Vielleicht sind es die Geister deiner Ahnen, welche dir in diesem entscheidenden Augenblick zuflüstern.

SAMUEL. Nicht doch ma chère Mère! *Zu Kaberdar.* Die zehntausend Pfund Sir, deren Sie gütigst zu erwähnen beliebten, werden doch gleich nach der Hochzeit ausbezahlt!

KABERDAR *sehr kalt.* Am Hochzeittage Sir.

SAMUEL *zu Gurli.* Nun so schreiben Sie schöne Gurli. *Gurli will schreiben.* Aber doch halt! noch einen Augenblick! ich befinde mich wirklich in einer sonderbaren Lage. Man kann nicht vorsichtig genug zu Werke gehen. – Nur noch eine Frage Sir: werden die zehntausend Pfund in Banknoten, oder in klingender Münze ausgezahlt? Antwort?

KABERDAR *unwillig.* Wie Sie wollen Sir! wie Sie selbst wollen.

SAMUEL. In klingender Münze denn, wenn es Ihnen so gefällig wäre.

KABERDAR. Recht gerne.

SAMUEL. Nun so schreiben Sie.

GURLI *indem sie schreiben will.* Närrischer Mensch! du machst mir Langeweile.

SAMUEL. Halt! halt! noch einen Augenblick!

LIDDY. Bruder, du wirst unausstehlich.

KABERDAR *zu Liddy.* Sie sind sein Schutzengel.

SAMUEL. Es bleibt billig noch eine wichtige Frage zu erörtern übrig. Wenn einst der Vater meiner schönen Gurli Todes verfahren, und keine anderweitige Leibeserben hinterlassen sollte, so –

KABERDAR. So ist Gurli Erbin meines ganzen Vermögens.

SAMUEL *sehr freundlich.* Untertäniger Diener! alle Zweifel sind behoben. Sir Samuel Smith faßt mutig und kühn einen raschen Entschluß. Schreiben Sie Gurli.

GURLI. Nun ich will schreiben. Wenn du aber noch einmal, halt, schreist, so werfe ich dir die Feder und das Dintenfaß an den Kopf.

SIR JOHN. Und das von Rechts wegen.

SAMUEL. Schreiben Sie! schreiben Sie!

Indem Gurli die Feder eintaucht ihren Namen zu schreiben, treten. 189

Siebenter Auftritt

Robert und Jack herein – Die Vorigen.

GURLI *läßt sogleich die Hand sinken und begafft Robert.*

ROBERT. Potztausend! große Gesellschaft!

JACK. Und Sirenen die Menge, wendet Euer Schiff Sir!

ROBERT. Narr, ich bin kein Weiberscheu.

SAMUEL. Du kommst eben recht Bruder, um deinen Namen als Zeuge unter meinen Ehekontrakt zu schreiben.

ROBERT. Herzlich gerne! viel Glück auf die Fahrt.

SIR JOHN. Robert! hier steht ein Biedermann, der künftig zu unserer Familie gehören wird.

ROBERT. Das ist mir lieb, Sir. Ich halte nichts von Komplimenten. Ihre Hand Sir. *Er schüttelt sie.* Ich bin Ihr Diener! und wenn es wahr ist, daß Sie ein Biedermann sind, so bin ich Ihr Freund.

KABERDAR. Freundschaft ist die Blüte eines Augenblicks und die Frucht der Zeit.

ROBERT. Wahr! sehr wahr! was vor der Zeit reift, schüttelt der erste Wind herunter.

GURLI *neugierig zu Liddy.* Wer ist der Mensch.

LIDDY. Das ist Bruder Robert.

GURLI. Bruder Robert? Ei! Bruder Robert gefällt mir.

ROBERT. Ist das die Braut? Ich freue mich Ihrer Bekanntschaft. *Er geht auf sie zu.* Erlauben Sie mir einen Kuß.

GURLI. Zehn wenn du willst. *Sie küßt ihn.*

SAMUEL. Nun Miß ich bitte zu schreiben.

MÄSTER STAFF. Die Formalitäten ziehen sich in die Länge.

SAMUEL *zu Gurli dringend.* Ist's Ihnen gefällig?

GURLI *schüttelt den Kopf.*

MISTRISS SMITH *halb in sich hinein.* Dies ist die langweiligste Verlobung, der ich jemals beigewohnt habe.

GURLI *zu Liddy.* Höre doch Liddy! Bruder Robert gefällt mir besser als Bruder Samuel.

LIDDY. Närrisches Mädchen!

KABERDAR. Gurli du wirst kindisch.

GURLI. Sei nicht böse lieber Vater! Gurli hat ihren freien Willen.

KABERDAR. Den hat sie.

GURLI. Nun Liddy, gilt dir's gleich viel, ob Gurli deinen Bruder Samuel, oder deinen Bruder Robert heiratet?

LIDDY *lachend.* Mir wohl, liebe Gurli, aber nicht Samueln.

GURLI. Ach! was! der närrische Mensch! wer wird ihn fragen! *Sie geht zu Robert.* Lieber Bruder Robert willst du wohl so gut sein, Gurli zu heiraten?

ROBERT *sehr erstaunt.* Wie? was?

MÄSTER STAFF. Ein sonderbarer Casus.

MISTRISS SMITH. C'est unique.

VISITATOR. Unbegreiflich geschwind.

SAMUEL. Ich werde zu Stein.

SIR JOHN *lächelnd zu Kaberdar.* Einer meiner Söhne ist der glückliche, mir gleichviel welcher?

KABERDAR *bedeutend.* Mir nicht gleichviel.

GURLI. Nun, du antwortest mir nicht?

ROBERT. Zum Henker was soll ich antworten?

GURLI. Gefall ich dir nicht?

ROBERT. O ja.

GURLI. Nun du gefällst mir auch. Du bist so ein drolliger Mensch, ich seh dir gern in die Augen. Deine Augen sprechen so, daß man immer antworten möchte, wenn man gleich nicht weiß was. Nun!

ROBERT. Miß ich kenne Sie gar nicht. Ich sehe Sie heute zum ersten Mal in meinem Leben.

GURLI. Ja freilich, ich dich auch. Aber Gurli will dich gerne immer sehen.

LIDDY. Bruder, auf meine Gefahr.

ROBERT. Zum Henker! Das Mädchen ist allerliebst, aber ich kann sie doch nicht betrügen, Miß, ich bin ein armer Teufel, ich habe nichts als ein Schiff von zwölfhundert Tonnen, damit laufe ich morgen in die weite See, und gehe vielleicht übermorgen zugrunde.

GURLI. Du sollst nicht in die See laufen, du sollst bei Gurli bleiben.

ROBERT. Und mit Gurli hungern.

KABERDAR. Sir, diese Geschichte ist einzig in ihrer Art, und muß Sie sonderbar überraschen. Sie ist meine Tochter; ein gutes Mädchen, ein Kind der Natur, ihr Brautschatz zehntausend Pfund Sterling. Weiter hab ich nichts dabei zu sagen.

ROBERT. Sir, ich mache mir aus zehntausend Pfund Sterling so viel, als aus einer verfaulten Planke; und ich wollte mich auch nicht gern von meiner Frau totfüttern lassen.

GURLI. Narr, ich will dich füttern, aber nicht totfüttern. Heirate mich immer, es soll dich nicht gereuen. *Sie streichelt ihm die Wangen.* Ich will dich so lieb haben, so lieb – 191

ROBERT *lachend.* Ein närrischer Handel! Nun in Gottes Namen! ich bins zufrieden.

GURLI *freudig.* Bist du? laß dich küssen!

SAMUEL. Robert ist das brüderlich gehandelt? mir mein Glück vor dem Munde wegzufangen?

ROBERT. Beim Teufel! nein! – Nein Miß, ich kann Sie nicht heiraten.

GURLI *traurig.* Nicht? Warum denn nicht?

ROBERT. Mein Bruder hat ältere Ansprüche auf Sie.

GURLI. Dein Bruder ist ein Narr!

SAMUEL. Sachte Miß! haben Sie mir nicht hundertmal versprochen, mich zu heiraten. Antwort?

GURLI. Ob gerade hundertmal, das weiß Gurli nicht; aber versprochen hab' ich es.

SAMUEL. Gut. Waren Sie nicht eben im Begriff den Kontrakt zu unterschreiben? – Antwort? –

GURLI. Freilich war ich, aber nun will ich nicht mehr.

SAMUEL. Bruder, du hast gehört, wie die Sachen standen.

ROBERT. Das hab ich. Nein Miß, daraus wird nichts.

GURLI. Aber ich will ihn nicht! ich will ihn nicht! ich will ihn nicht! Du närrischer Samuel, was willst du mit Gurli anfangen? Gurli will dich nicht haben!

ROBERT. Das gilt mir gleichviel Miß; Sie mögen tun, was Ihnen beliebt, aber ich bin sein Bruder, und ich darf Sie, hol mich der Teufel, nicht heiraten.

GURLI. Sag mir recht im Ernst: Gefall ich dir?

ROBERT. Bei meiner armen Seele! du gefällst mir.

GURLI. Nun, so mußt du mich heiraten! Liddy, sag ihm das.

LIDDY. Die Schwester kann nur raten, und bitten, nicht befehlen.

GURLI. Wer kann ihm dann befehlen? *Zu Sir John.* Du bist sein Vater, befiehl ihm!

SIR JOHN. Weiß Gurli nicht von ihrem eignen Vater, daß man in solchen Fällen den Kindern gern ihren Willen läßt.

GURLI. Nun so bitt ihn! wenn mein Vater mich bittet, so tu ich alles, was er haben will. Ja, ja, Vaterchen, bitt' ihn! bitt' ihn! *Indem sie um ihn herumhüpft und ihm die Wangen streichelt, stößt sie ihm von ohngefähr an seinen podagrischen Fuß.*

SIR JOHN *laut aufschreiend.* O weh! o weh! mein Bein! mein Bein! daß dich das Donnerwetter! o weh! weh!

GURLI *erschrocken und ängstlich.* Sei nicht böse! Gurli hats nicht gern getan.

SIR JOHN. Liddy hilf mir fort! hilf mir aus dem Gedränge! Hier sind so viele Menschen um mich her, und es kömmt doch nichts zustande. Fort! fort!

KABERDAR *zu Liddy.* Erlauben Sie, daß ich Sie begleite.

LIDDY. Recht gern. *Sie fahren beide den Alten hinein.*

Achter Auftritt

Mistriss Smith – Gurli – Robert – Jack – Samuel – Mäster Staff
– Der Visitator.

GURLI *sehr betrübt.* Ich habe den armen alten Mann an seinen kranken Fuß gestoßen. Gurli hat es gewiß nicht mit Fleiß getan.

MISTRISS SMITH. Ha! ha! ha! Das dénouement der Szene hat mich ein wenig amüsiert.

MÄSTER STAFF. Dergleichen Sponsalia sind mir in praxi noch nicht aufgestoßen.

VISITATOR. Wenn man nicht eilig und schleunig andere Maßregeln ergreift.

ROBERT. So wird aus der ganzen Sache nichts.

JACK *zu Robert.* Ihr seid ihm in der Quere aufs Tau gekommen, und habt ihm die Fahrt verschlagen.

SAMUEL. Das Blut in meinen Adern ist geronnen. In welches Labyrinth hab ich mich aus lauter Vorsicht verwickelt!

GURLI *zu Robert.* Nun Sauertopf! hast du dich besonnen, ob du Gurli heiraten willst?

ROBERT. Sie scheinen mir ein gutes Mädchen. Nicht wahr, Sie lieben Liddy als Ihre Schwester?

GURLI. Ja, das tut Gurli.

ROBERT. So setzen Sie einmal den Fall: Liddy wollte gern einen guten braven Mann heiraten, und Sie nähmen ihr den Mann so mir nichts dir nichts vor der Nase weg. Könnten Sie das?

GURLI. Pfui! das könnte Gurli nimmermehr tun.

ROBERT. Und doch verlangen Sie von mir, daß ich meinem Bruder einen solchen Streich spielen soll?

GURLI. Liebst du denn den närrischen Samuel ebenso stark, als ich die gute Liddy liebe?

ROBERT *etwas stockend.* Er ist mein leiblicher Bruder.

GURLI. Ach Gott! das ist traurig. Gurli muß weinen *Sie weint.*

JACK. Das Wetter fängt an schlecht zu werden, die See geht hohl.

MÄSTER STAFF. Aus dem Vorgefallenen läßt sich abstrahieren und ominieren, daß mein Offizium vorderhand hier überflüssig wird. Ich eile daher –

SAMUEL. Warten Sie, warten Sie, Mäster Staff!

MÄSTER STAFF. Ei wozu? Jede meiner Stunden führt Gold im Munde. Die heutige Versäumnis stelle ich Ihnen unterdessen à Conto, und habe die Ehre, mich der ganzen Gesellschaft bestens zu rekommandieren. *Ab.*

MISTRISS SMITH. Ha! ha! ha! Das wäre also das Ende vom Liede. So gehts, wenn man noble Denkungsart verleugnet. *Ab in ihr Zimmer.*

SAMUEL *nach einer Pause.* Billig entsteht nunmehr die Frage: was ist anzufangen? Antwort: ich weiß nicht. *Er geht seiner Mutter nach.*

193

JACK. Die Luft wird klar Herr. *Auf den Visitator deutend, welcher neugierig stehen geblieben.* Aber da steht noch eine Wasserhose.

ROBERT. Richte dein Geschütz darauf.

JACK *zum Visitator.* Guter Freund, stellt einmal Eure Takelage auf, und segelt zur Tür hinaus!

VISITATOR. Mein Freund! belieb Er nur das Maul zu halten. Ich bin hier in Amtsgeschäften.

ROBERT. Amtsgeschäfte? Seit wann ist meines Vaters Haus zum Zollhaus geworden?

VISITATOR. Verstehen Sie mich recht, Sir! Es gehört mit zu meinen Amtsgeschäften, meinen werten Prinzipal, den Mäster Samuel Smith, mit Tätigkeit und Schnelligkeit zu bedienen. So oft ich mich ein Viertelstündchen, oder auch nur ein Minütchen, oder auch nur ein Sekündchen vom Zollhaus wegstehlen kann, so oft eile ich geschwind, geschwind hieher –

ROBERT. Und jetzt ersuche ich Sie, mein Herr, geschwinde, geschwinde von hier wegzueilen.

VISITATOR. Wenn ich nur aber erfahren könnte, warum?

JACK. Weil es mir dermalen in den Fäusten juckt und prickelt, als säße mir an jeder Fingerspitze eine Wunde, die zuheilen will.

VISITATOR. Nun so würden Sie es vielleicht nicht übel nehmen, wenn ich mich Ihnen eiligst und schleunigst empfehle?

ROBERT. Ganz und gar nicht. Je eiliger, desto besser. *Visitator ab.*

Neunter Auftritt

Gurli – Robert – Jack.

JACK. Was meint Ihr, Sir! soll nicht auch der alte Jack draußen vor Anker legen, und warten, bis Ihr ihm ein Signal gebt?

ROBERT. Nein, du kannst bleiben.

Gurli hat während dieser Zeit in einem Winkel gestanden und geschluchzt.

ROBERT. Was fehlt Ihnen, Miß?

GURLI. Ein Mann.

ROBERT. So heiraten Sie meinen Bruder Samuel.

GURLI. Den mag ich nicht! ich will dich haben.

ROBERT. Warum denn gerade mich?

GURLI. Das weiß Gurli selbst nicht. Du bist ein böser Mensch, du machst, daß ich weinen muß, und doch lieb ich dich. Sieh nur, Bruder Robert, schon seit vielen Wochen war mirs immer, als ob mir etwas fehlte, und da sagte mein Vater, Gurli müsse einen Mann nehmen. Nun wollte Gurli das auch gerne tun, und da frug mein Vater, welchen Mann ich haben wollte? das war Gurli alles einerlei. Aber seitdem Gurli dich gesehen hat, ist's ihr nicht mehr einerlei.

ROBERT. Beinah mir auch nicht.

GURLI. Heirate mich immer! ich will dich mehr lieben als meinen Papagei und meine Katze. Ich will dich streicheln, wie mein Kätz-chen, und füttern wie meinen Papagei.

ROBERT. Von dir, liebe Gurli, gestreichelt und gefüttert zu werden, ist freilich keine üble Aussicht in die Zukunft.

GURLI. O wie wollen wir so vergnügt zusammen leben, du und ich, mein Vater und mein Papagei, Liddy und meine Katze.

ROBERT. Ja, ja, wenn nur – verdammt! es kommt mir vor, als sei das nicht recht ehrlich gehandelt. Dein süßes Geschwätz wird mein Gewissen in den Schlaf singen. Höre Gurli, kannst du auch lügen?

GURLI. Lügen? Was ist das?

ROBERT. Anders reden als du denkst.

GURLI. Ha! ha! ha! Nein, das kann Gurli nicht. Aber wenn dir ein Gefallen damit geschieht, so will ichs lernen.

ROBERT. Bewahre der Himmel, sage mir aufrichtig, wenn Bruder Robert dich nun durchaus nicht heiratet, wirst du dann doch noch den Bruder Samuel nehmen?

GURLI. Nimmermehr! nimmermehr wird Gurli den närrischen Sa-muel heiraten; Gurli kann ihn nun gar nicht mehr leiden.

ROBERT. Aber – aber beim Teufel! seinem Bruder ein Bein unterzu-schlagen ist doch bübisch! Jack, was meinst du? darf ein ehrlicher Kerl mit gutem Gewissen die Prise da wegkapern?

JACK. Ihr müßt am besten wissen, wie tief Eure Fregatte im Wasser geht. Aber was Euren Bruder betrifft, Sir, da würde ich mir nicht so viel draus machen, als aus einem verschimmelten Zwieback. Der strotzt auf dem Oberlof herum, mit schameriertem Wams, und allerhand Trararum, aber ich wollt es keinem braven Mädel raten, ihn an Bord kommen zu lassen.

ROBERT. Das denk' ich auch Jack. Das arme unschuldige Mädel würd' eine garstige Fahrt haben. – Topp Gurli! ich heirate dich.

GURLI *an seinem Halse.* Nun bist du mein lieber Bruder Robert! nun wird Gurli wieder lachen, und hüpfen und springen!

ROBERT. Warte! nun bist du meine Braut, und da muß ich dir einen Ring schenken. Er ist freilich nicht viel wert, nur von Golde, aber er bedeutet ebensoviel, als der Pitt in unsere Königs Schatz. Da nimm!

GURLI. Was soll ich damit machen? soll ich ihn in der Nase tragen?

ROBERT. Nicht doch. Steck ihn an den Finger. So. Das bedeutet, daß ich dich liebe.

GURLI. Ha! ha! ha! Du drolliger Mensch, ich will dir auch einen Ring holen und das bedeutet, daß ich dich wiederliebe. Nicht wahr? *Sie hüpft in ihr Zimmer.*

Zehnter Auftritt

Robert – Jack.

ROBERT. Jack, was meinst du? lieg' ich auf gutem Ankergrunde, oder sitz' ich zwischen den Klippen?

JACK. Da müßt Ihr das Senkblei in Euer eigen Herz fallen lassen.

ROBERT. Aber ein schmuckes Mädel, nicht wahr? Sag mir nur Jack, wie hat die kleine Wetterhexe es angefangen, mich so schnell unter ihren Spiegel zu bringen?

JACK. Das weiß ich nicht. Ich stand nicht am Steuerruder, und hab auch den Kurs nicht gerichtet.

ROBERT. Indessen, ehrlicher Kamerad, will ich gern deine Meinung nach ihrer Länge und Breite hören. Wir sind in so manchen Buchten und Winkeln zusammen gewesen; du kennst mich inwendig und auswendig so gut als deine Hangematte; du hast mich auf deinen Armen getragen, als ich noch kein Schifftau spitzen konnte; sag mir frank und frei, was denkst du von der Geschichte? Das Mädel ist hübsch, gut, und hat zehntausend Pfund Sterling.

JACK. Ja, ja, sie ist ein schmuckes, aufgeräumtes Mädel, die ihren Kompaß versieht, oben gut ausstaffiert, und unten wohl beplankt ist, aber –

ROBERT. Nun aber? heraus damit!

JACK. Lieber Gott! es ist mit den Weibern, wie's ist; kein Grund ist nicht darin zu finden. Wär ich an Eurer Stelle, so würde ich sprechen: ich sehe wohl wo das Land liegt, aber ich will verdammt sein, wenn ich die Spitze nicht vorbei segle.

ROBERT. Ich kann nicht Jack, ich habe meine Takelage eingebüßt.

JACK. Das ist schlimm.

ROBERT. Ich fürchte beinahe, ich werde Kiel über Wasser kehren müssen.

JACK. Das ist sehr schlimm! da geht Ihr ohne Rettung zugrunde.

ROBERT. Ich sollte doch nicht denken; Jack, ich hoffe noch immer in stilles Fahrwasser zu kommen. Sieh nur, das Mädel ist gar zu brav! ihre Seele trägt sie im Auge und in ihrem Auge ist kein Falsch; ihr Herz schwebt auf ihrer Zunge und ihre Worte sind reiner Firnewein, süß wie der Saft der Kokosnuß.

JACK. Aber einem Weibe ist sowenig zu trauen, als einem Wasserwirbel zur See. Anfänglich ist das ein Leben voll Juchhe und Heisa! aber segelt Ihr nur einmal gegen den Strom ihrer Neigungen, gleich fängt der Sturm an zu heulen aus Süden und Norden, aus Westen und Osten. Und dann bedenkt einmal Sir: jetzt regiert Ihr Euer Schiff wie es Euch beliebt, Ihr lichtet die Anker, wenn es Euch einfällt; Ihr steuert, wohin Ihr Lust habt; meint Ihr, wenn Ihr ein Weib an Bord nehmt, Ihr würdet das Kabeltau immer so lang und frei behalten, als bisher?

ROBERT. Schweig nur, ehrlicher Jack! ich merke wohl, es war mir nicht ernst, als ich dich um Rat fragte, denn trotz alles dessen, was du da vorbringst, bin ich entschlossen, meinen Strich fortzulavieren, und sollt' ich nur sechs Punkte vom Wind haben!

JACK. Glück auf die Fahrt!

Eilfter Auftritt

Fazir – Die Vorigen.

ROBERT. Endlich, Kamerad, bekömmt man dich einmal wieder zu sehen. Wo Teufel hast du gesteckt, seit wir diesen Mittag das letzte Glas Porter zusammen leerten?

FAZIR. Ich war auf unserm Schiff. In dieses Haus wollt' ich nie wieder kommen, und nun bin ich doch wieder hier, ich weiß selbst nicht, wie das zugeht.

ROBERT. Auf dem Schiffe warst du? ist unser Volk brav lustig?

FAZIR. Nur zu lustig! ihre Freude jagte mich wieder fort, denn ich konnte mich nicht mitfreuen.

ROBERT. Warum denn nicht?

FAZIR. Wie du auch fragen kannst! Sieh Robert, es ist närrisch zu erzählen. Ich ging in meine Kajüte und legte mich in meine Hangematte, und sah hinauf an die Decke, wie ich während unserer Reise jeden Morgen beim Erwachen zu tun pflegte. Da hat nun der Strick, mit welchem die Hangematte oben an der Decke befestigt ist – aber du mußt mich nicht auslachen.

ROBERT. Nein, nein, nur weiter!

FAZIR. Nun die Schleife des Stricks hat ein L gebildet, oder es sieht doch so aus wie ein L.

ROBERT. Ja, ja, die Liebe ist imstande, das ganze Alphabet draus zu machen.

FAZIR. So oft, wenn ich des Morgens erwachte und hinaufsah an dieses L, so freute ich mich, meine Gedanken schweiften weiter, als meine Augen, und das L hielt mich manche Stunde fest im Bette. Ach! heute hat mich das L zum ersten Male herausgejagt.

ROBERT. Armer Junge! Was meinst du Jack? dem läßt sich nicht helfen.

JACK. Der hat schwer geladen. Er muß die Liebe über Bord werfen, sonst geht er unter.

FAZIR. Lieber Robert, wirst du bald wieder absegeln?

ROBERT. Narr! ich habe ja noch nicht gelöscht. Und dann muß ich erst wieder für neue Fracht sorgen.

FAZIR. Wie lange kann alles das dauern?

ROBERT. Sechs Wochen aufs wenigste.

FAZIR. Sechs Wochen? Ach Robert! dann ist der arme Fazir schon lange tot! warum blieb ich nicht in meinem Vaterlande? so wär ich doch zugleich mit meinen Brüdern gestorben? Hier muß ich allein sterben! Dort hätte doch noch hie und da eine gute Seele um mich geweint, hier wird niemand um mich weinen.

ROBERT. Junge, du machst mir das Herz weich! wenn dich das trösten kann, daß Liddy allem Anschein nach, einen sehr braven Mann heiratet –

FAZIR. Das sollte mich freilich wohl trösten – aber es tröstet mich doch nicht! ich bin auch brav, nicht wahr?

ROBERT. Aber nicht reich.

FAZIR. Pfui Robert! hab' ich dich nicht oft sagen hören: Ehrlichkeit ist besser als Reichtum?

ROBERT. Ganz gewiß, aber die Ehrlichkeit nagt nur an den Knochen, die der Reichtum unter den Tisch wirft.

FAZIR. Wenn auch; mir kommt es vor, als würde ich an Liddys Seite nie gehungert haben. Erinnerst du dich noch des armen Negersklaven: als wir einmal auf Jamaika zusammen spazierengingen. Er arbeitete an einer Zuckerplantage; ihm lief der Schweiß die Stirne herab, ein Wasserkrug stand neben ihm, und doch sang er heiter und froh ein mohrisch Lied. Guter Freund, sprachst du zu ihm: das ist ein schwer Stück Arbeit. Jawohl, gab er zur Antwort, und trocknete sich den Schweiß mit der flachen Hand. Nun gab ein Wort das andere. Wir fragten ihn, wie er bei seinem harten Schicksale noch so zufrieden lächeln könnte? Da zeigt er ein paar hundert Schritte weiter hin auf einen Busch, unter dem Busche saß ein schwarzes Weib, mit drei kleinen halbnackten Kindern, das jüngste lag an ihrer Brust. Und als der Negersklave mit dem Finger dahin zeigte, sah er so innig vergnügt dabei aus – nein, solch ein Lächeln schmückte nie das Gesicht eines Königs! – Ach hätte Liddy nur gewollt! Fazir würde gearbeitet haben, wie jener Sklave – und gelächelt, wie er.

ROBERT *dem es ganz weich ums Herz geworden.* Komm! komm! wir wollen ein paar Flaschen Wein zusammen ausstechen.

FAZIR. Ich mag nicht. Ich mag weder essen noch trinken. Ich will mich zu Tode hungern.

Zwölfter Auftritt

Gurli – Die Vorigen.

GURLI *mit einem Diamantring in der Hand.* Nun da bin ich. *Sie erblickt Fazir, bleibt eingewurzelt stehen, und sieht ihm starr und sprachlos ins Gesicht.*

FAZIR *fährt ebenso bei ihrem Anblick zusammen, und in seinen wild auf sie gehefteten Augen malen sich Schrecken und Erstaunen.*

ROBERT. Nun? hat euch beide ein Blitzstrahl gerührt?

GURLI *bebend.* Bruder Robert, siehst du da etwas stehen?

ROBERT. Ja freilich.

GURLI. Siehst du es wirklich?

ROBERT. Nun ja doch, ich bin ja nicht blind.

FAZIR. Robert, siehst du den Geist?

ROBERT. Ich seh einen Narren, und der bist du.

FAZIR. Lieber Robert, dieser Körper gehörte ehemals meiner Schwester Gurli; frag ihn, welche Seele seit ihrem Tode hineingewandert ist?

ROBERT. Deine Schwester?

GURLI. Ja, ja, Robert, dieser Geist hieß ehemals Fazir, und war mein Bruder – ach mein lieber Bruder!

ROBERT. Ich begreife – Kinder haltet eure fünf Sinne beisammen! erst solch ein Schrecken! und nun solch eine Freude! – Ihr seid nicht Geister – Kinder, ich bitt euch, werdet nicht närrisch! – umarmt euch! Bruder Fazir und Schwester Gurli!

FAZIR UND GURLI *zugleich.* Nicht Geister? *Sie nähern sich einander mit ausgebreiteten Armen.*

FAZIR. Lebst du würklich Gurli?

GURLI. Lebst du? mein Fazir?

Sie fallen sich in die Arme.

ROBERT *sehr bewegt.* Was meinst du Jack?

JACK *sich eine Träne aus dem Auge wischend.* Land! Land!

ROBERT. Recht Jack, nie hab' ich das empfunden, wenn *ich* nach einer langen, gefährlichen Reise unverhofft Land erblickte!

81

FAZIR UND GURLI *plötzlich in ausgelassene Freude übergehend.* Er lebt! Sie lebt! Schwester Gurli! Bruder Fazir!

Hier kann der Dichter dem Schauspieler nichts vorschreiben. Sie hüpfen, tanzen, springen, singen, lachen und weinen wechselweise. Freude ist immer schwer nachzuahmen, am mehrsten die Freude unverdorbener Naturmenschen. Robert und Jack stehen schweigend und laben sich an dem wonnevollen Schauspiel.

Dreizehnter Auftritt

Musaffery – Die Vorigen.

MUSAFFERY. Ich höre deine Stimme Gurli – aber – was –
FAZIR. Auch Musaffery –
MUSAFFERY. Fazir? – du lebst? – *Er drückt ihn mit Ungestüm an seine Brust.* Wie ist mir? – wo bin ich? – mein alter Kopf – ja, ja, er lebt. *Außer sich.* Wir wollen ein Pongol feiern! wir wollen Reis mit Milch kochen! *Indem er die Hände hochhebt und sich dreimal tief zur Erde bückt.* Brahma sei gelobt! Brahma sei gelobt! wo ist mein Herr? – wo ist Kaberdar? – wir wollen einer Kuh die Hörner bemahlen! – wir wollen sie mit Blumen kränzen!
FAZIR. Kaberdar! – was spricht er? – Gurli! lebt auch mein Vater noch?
GURLI. Frisch und gesund! frisch und gesund! Vater! Vater!
FAZIR *außer sich.* Wo? Wo? Vater! Vater!

Vierzehnter Auftritt

Mistriss Smith – Kaberdar – Sir John von Samuel herausgefahren – Die Vorigen.

MISTRISS SMITH *im Hereintreten.* Ciel! welch ein pöbelhafter Lärm?
KABERDAR *seinen Sohn erblickend.* Gott! was ist das?
FAZIR *seine Knie umfassend.* Mein Vater!
GURLI UND MUSAFFERY *um ihn her hüpfend.* Er lebt! Er lebt!

KABERDAR *seinen Sohn heftig umarmend.* Du lebst? – O Brahma! kannst du mir all mein Zweifeln und Murren vergeben? Mein Erstgeborner lebt! ich drücke ihn in meine Arme! ich habe meinen Sohn wieder! was ist Fürstengold und Fürstendiadem gegen diesen Augenblick?

MUSAFFERY *sich tief zur Erde neigend.* Wir danken dir Brahma! wir danken dir!

KABERDAR *Augen und Hände gen Himmel hebend.* Ja, wir danken dir in stillem Gebet.

SIR JOHN. Ein süßer froher Augenblick! Schmerzstillende Arznei.

MISTRISS SMITH. Ein Roman; ein wahrer Roman!

SAMUEL. So scheint's mir auch. Ich zweifle noch sehr an der Wahrheit.

ROBERT. Gib dir keine Müh, Bruder, ich bürge dafür.

KABERDAR. Sprich mein Sohn! durch welches Wunderwerk bist du unsern Mördern entgangen?

FAZIR. Ich schweifte lange in der Irre umher, aber ein guter Engel leitete meinen Fußtritt. Ich wußte nicht, wohin ich ging, noch was aus mir werden würde. Überall ward ich verfolgt, ohne es zu wissen; und überall entfloh ich, ohne es zu wissen. Brahma hat mich erhalten.

MUSAFFERY *bückt sich tief.* Brahma sei gelobt!

FAZIR. Am zehnten Tag meiner Flucht, als Hunger und Müdigkeit mich fast zu Boden warfen, stieg ich mühsam einen Hügel hinauf, und plötzlich lag vor meinen Blicken das grenzenlose Meer. Ein fremdes Schiff war eben abgesegelt, kaum einen Kanonenschuß vom Ufer entfernt. Ach! dacht ich, wär ich nur eine Stunde früher angelangt, dieses Schiff hätte mich aufgenommen, und allen Gefahren auf immer entzogen. Ich wickelte in Eil meinen Turban auseinander, ich ließ den Musselin in die Luft flattern, und winkte und schrie, so laut ich konnte; aber umsonst! das Schiff segelte mit frischem Winde von dannen. Ich war der Verzweiflung nahe; der Hunger trieb mich auf dem ungebahnten Pfade, den ich bisher gewandelt hatte, herunter an den Strand. Da sucht ich Meerschnecken, unbekümmert, ob man mich erhaschen werde oder nicht. Plötzlich, welche Freude! erblickt ich hinter einer Felsenspitze, noch ein zweites Schiff vor Anker hegend; dessen Kapitän war dieser brave Mann, *Auf Robert zeigend.* dem dank' ich meine Rettung und mein Leben, und meinen bisherigen Unterhalt.

MUSAFFERY *sich tief bückend.* Brahma sei gelobt!

GURLI *auf Robert zufliegend und ihn umhalsend.* O du guter Mensch.

ROBERT. Possen!

KABERDAR *Robert die Hand schüttelnd.* Sir, wenn auch Sie einst Vater sind, dann werden Sie fühlen, daß für eine solche Wohltat, der Dank eines Vaters keine Worte hat.

ROBERT. Bei Gott, Sir ich schäme mich; als ich den jungen Menschen da aufnahm, dacht ich weder an Dank noch an Belohnung. Ich folgte meinem Herzen, und siehe da, ich habe mir selbst einen Freund gerettet.

SIR JOHN. Umarme mich mein Sohn! – Gott segne dich!

MISTRISS SMITH *ihm die Hand zum Kuß reichend.* Mon fils, deine noble Denkungsart, hat mich ganz enchantiert.

ROBERT. Liebe Mutter, meine Denkungsart war in dem Augenblick so wenig nobel, daß ich sogar fürchte, es lief ein wenig Neid und Eifersucht mit unter: den Abend zuvor hatten sich auch drei unglückliche Flüchtlinge auf das Schiff gerettet, welches neben mir vor Anker lag, und bei meiner armen Seele! ich ärgerte mich, daß der Zufall sie an meines Nachbars Bord geführt hatte.

KABERDAR. Diese drei Flüchtlinge waren wir. Jener brave Mann, rettete Vater, Tochter und Freund; dieser brave Mann bringt mir auch meinen Sohn zurück.

GURLI. Nicht wahr Vater, Gurli darf diesen guten Menschen heiraten?

KABERDAR. Wenn er dich will, von ganzem Herzen.

GURLI. Wenn er mich will? o ja er will! nicht wahr guter Robert?

ROBERT *zu Samuel.* Bruder du wirst mirs nicht übelnehmen, meine großmütige Entsagung würde dir zu nichts helfen, denn dich nimmt sie doch nicht.

GURLI. Nein wahrlich nicht, närrischer Samuel, dich wird Gurli nimmermehr heiraten.

SAMUEL. Es entsteht hier billig die Frage: was wird Sir Samuel Smith nunmehro anfangen? Antwort: sich hängen – wenn es nämlich die Vorsicht gestattet. *Ab.*

KABERDAR. Alles vereinigt sich, mir zu beweisen, daß ich nichts gewann, als der Zufall ein Diadem um meine Stirne wand; und daß ich nichts verlor, als der Zufall es wieder herunterriß. Gute Kinder, geprüfte Freunde – was fehlt meinem Glücke? ein braves Weib! und auch das hab' ich gefunden. Madame, nur Ihre Einwilligung mangelt mir noch. Ich liebe Ihre Tochter Liddy. Zwar kenn' ich Ihre Grundsätze und Ihre Ehrfurcht für alte Familien; aber ich hoffe allen Ihren Forderungen ein Genüge zu leisten, wenn ich Ihnen versichere: daß ich regierender Fürst von Mysore war, und daß meine Voreltern schon damals mit Ehren die Waffen trugen, als Alexander der Große Indien verheerte.

MISTRISS SMITH. Ich erstaune! – ein so altes Haus! – ich werde mirs zur Ehre schätzen, Sie in unsere Familie mit offenen Armen aufzunehmen.

FAZIR. Ach Vater!

KABERDAR. Nun?

FAZIR. Ach lieber Vater!

KABERDAR. Was willst du lieber Sohn?

FAZIR. Du hast mir das Leben gegeben, und willst mirs wieder nehmen?

KABERDAR. Ich versteh dich nicht.

FAZIR. Ich liebe Liddy so sehr.

KABERDAR. So? – und Liddy? –

FAZIR. Ich habe weder Tag noch Nacht Ruhe.

KABERDAR. Höre, lieber Junge, das vermag nur Liddy zu entscheiden. Freilich du zählst kaum zwanzig Jahr, und frische Jugend blüht auf deiner Wange. Ich hingegen trage meine fünfunddreißig auf dem Rücken. Indessen, so weit ich Liddy kenne, wird das schwerlich ihren Entschluß bestimmen. Laß sehen, wir wollen sie rufen. Spricht ihr Herz zu deinem Vorteil, so ergeb ich mich willig in mein Schicksal.

ROBERT. Frisch auf Jack! lichte die Anker und steure in Liddys Zimmer. Wir lassen sie bitten ihren Kurs hierher zu richten.

JACK. Wohl! wohl! *Ab.*

GURLI. Vater ich will dir sagen, wen von euch beiden Liddy heiraten wird.

KABERDAR. Nun?

GURLI. Meinen Bruder Fazir.

KABERDAR. Woher weißt du das?

GURLI. Er ist hübscher als du.

KABERDAR. Ach liebes Mädchen, Liddy ist nicht ein Kind wie du.

ROBERT. Ich fürchte, was diesen Punkt betrifft, werden die Weiber ewig Kinder bleiben.

SIR JOHN. Es komme wie es wolle, so seh ich doch noch vor meinem Ende zwei glückliche Paare.

MISTRISS SMITH. Recht mon cher! dieser Tag söhnt mich mit dem Glücke wieder aus, und sanft werd ich einst zu meinen Ahnen hinüberschlummern. Bloß Samuels Schicksal geht mir doch zu Herzen.

GURLI. Der arme närrische Samuel! er dauert mich doch! was meinst du Robert? ich will ihn auch heiraten.

ROBERT. Zween Männer auf einmal? Nein Gurli das verbitt' ich mir.

GURLI. Nun wie du willst. Gurli macht sich nichts daraus.

Fünfzehnter Auftritt

Liddy – Jack – Vorige.

ROBERT. Heda! Schwesterchen! ich wünsch dir Glück! du bist Braut.

LIDDY *niedergeschlagen.* Ja ich bin Braut.

ROBERT. Aber mit wem? Das ist noch die Frage.

LIDDY. Mit wem? Mit diesem Manne hier. *Auf Kaberdar zeigend.*

ROBERT. Halt! halt! nicht so rasch!

KABERDAR. Miß, ich entbinde Sie Ihres Versprechens. Vater und Sohn stehen hier vor Ihnen.

LIDDY *erstaunt.* Vater und Sohn?

KABERDAR. Ja, dieser Jüngling ist mein Sohn. Er liebt Sie. Ich liebe Sie auch. Wählen Sie frei.

GURLI *zu Liddy.* Nimm den Sohn, er ist hübscher als der Vater.

KABERDAR. Ihr Herz muß den Ausspruch tun.

LIDDY *sehr verlegen.* Mein Herz? – Ach! –

FAZIR *mit niedergeschlagenen Augen.* Liebe Miß! –

ROBERT. Nun Schwesterchen wirds bald?

LIDDY. Wie kann ich – ich habe ja schon mein Wort gegeben.

205

86

KABERDAR. Wenn Sie also Ihr Wort nicht gegeben hätten – so würden Sie? – *Liddy schweigt.* Ich verstehe. *Er legt ihre Hand in Fazirs Hand.* Gott segne euch Kinder!

FAZIR *Liddy umarmend.* Ach liebe Miß!

MUSAFFERY *bückt sich tief.* Brahma sei gelobt!

KABERDAR *wischt sich eine Träne aus den Augen.* Ein einziger bitterer Tropfen! schon recht! der Freudenkelch war zu süß.

ROBERT. Nun Jack was meinst du?

JACK. Ich meine, daß ich mein altes baufälliges Gefäß nun allein in der Welt herumbugsieren muß. Kraut und Lot ist verschossen, der Tolbord ist abgenutzt, was soll aus mir werden?

ROBERT. Du sollst bei mir bleiben, und solange ich einen Zwieback habe, gehört die Hälfte dir, bis du einst deine Reise glücklich endest, und in der Breite des Himmels aufgebracht wirst.

JACK. Ich dank' Euch Sir! ich dank Euch! nun ich wünsch euch allen schmuckes Wetter und guten Wind zur Fahrt.

Biographie

1761   *3. Mai:* August Friedrich Ferdinand Kotzebue wird in Weimar als Sohn eines Legationsrats geboren. Der Vater stirbt noch im gleichen Jahr.

1768   In Begleitung seines Onkels Johann Karl August Musäus besucht der siebenjährige Kotzebue erstmals eine Theatervorstellung. Das Erlebnis prägt ihn für sein gesamtes weiteres Leben.

1772   Besuch des Gymnasiums in Weimar.

Unter der Anleitung von Musäus entstehen erste Gedichte.

1776   Erste Kontakte zu Johann Wolfgang Goethe.

In einer Inszenierung von Goethes »Die Geschwister« am Weimarer Liebhabertheater tritt Kotzebue neben dem Autor auf.

1777   Kotzebue legt die Reifeprüfung ab.

Studium der Rechte in Jena (bis 1778).

Kotzebue wird Mitglied eines Jenaer Liebhabertheaters, für das er Dramen schreibt.

1778   Wechsel an die Universität Duisburg (bis 1779).

Kotzebue schreibt Dramen und Romane, für die sich weder professionelle Theater noch Verleger interessieren.

1779   Rückkehr an die Universität Jena (bis 1781).

Kotzebue gründet ein Liebhabertheater und bringt dort sein Lustspiel »Die Weiber nach der Mode« heraus.

1781   Abschluß des Studiums und Rückkehr nach Weimar.

Advokat in Weimar.

Bemühungen um eine Anstellung in preußischen Diensten scheitern.

Durch Vermittlung des Grafen Görtz erhält Kotzebue eine Stelle als Sekretär des General-Ingenieurs Friedrich Wilhelm von Bauer in St. Petersburg und tritt in den russischen Staatsdienst ein.

November: Abreise von Weimar nach St. Petersburg.

1782   »Erzählungen«.

Kotzebues Dramen »Demetrius, Zaar von Moskau« (Tragödie) und »Die Nonne und das Kammermädchen« (Lustspiel) werden in St. Petersburg aufgeführt.

Kotzebue übernimmt im Auftrag des Generals von Bauer die Leitung des Petersburger Hoftheaters.

Kotzebue gründet die deutschsprachige Zeitschrift »St. Petersburger Bibliothek der Journale«, in der er Auszüge aus deutschen Zeitschriften veröffentlicht.

Nach dem Tod seines Förderers General von Bauer wird Kotzebue von der Zarin Katharina II. als Sekretär für die deutsche Korrespondenz in ihr Büro übernommen, tritt das Amt jedoch nicht an.

1783   Kotzebue wird zum Assessor am Oberappellationsgericht im neuerrichteten Gouvernement Reval ernannt und erhält den Titel eines Titularrats im Range eines Hauptmanns.

November: Übersiedlung nach Reval.

Verkehr im Kreis des Barons von Rosen, der auf seinem Gut eine Liebhaberbühne unterhält.

1784   Die Dramen »Adelheid von Wulfingen« (gedruckt 1789) und »Der Eremit von Formentera« (gedruckt 1784) entstehen und werden auf der Liebhaberbühne des Barons von Rosen aufgeführt.

Um die Heirat mit der Tochter eines livländischen Adligen zu ermöglichen, bittet Kotzebue um die Verleihung bzw. Erneuerung seines Adels, erhält aber eine ablehnende Antwort.

1785   *25. Februar:* Heirat mit Friederike, der Tochter des Oberkommandanten der Festung Reval, Generalleutnant und Ritter von Essen.

12. Mai: Geburt des Sohnes Wilhelm. Gegenüber seiner Mutter datiert Kotzebue das Datum seiner Heirat um ein Jahr zurück.

Reise nach Deutschland. Historische Studien in der Wolfenbütteler Bibliothek. Bekanntschaft mit Johann Georg Zimmermann in Hannover.

Rückkehr nach Reval.

Kotzebue wird zum Präsidenten des Gouvernementsmagistrats von Estland im Range eines Obristleutnants ernannt. Mit der Beförderung ist der persönliche Adel verbunden.

»Die Leiden der Ortenbergischen Familie« (Roman, zweiter

Band 1786)

1786   Kotzebue wird Herausgeber der Zeitschrift »Für Geist und Herz«.

1788   *23. November:* Uraufführung von »Menschenhaß und Reue« (gedruckt 1789) auf der von Kotzebue geleiteten Liebhaberbühne in Reval.

1789   *3. Juni:* Mit dem sensationellen Erfolg der Premiere von »Menschenhaß und Reue« am Nationaltheater in Berlin beginnt Kotzebues jahrzehntelang anhaltender Erfolg als meistgespielter deutscher Bühnenautor seiner Zeit.

Reise zur Kur nach Bad Pyrmont. Treffen mit Zimmermann und Johann Georg Jacobi.

Auf der Rückreise Aufenthalt in Berlin. Bekanntschaft mit den Direktoren des Nationaltheaters, Johann Jakob Engel und Karl Friedrich Ramler, sowie mit Friedrich Nicolai und Mitgliedern der königlichen Familie.

Auf Zimmermanns Gesuch gewährt Katharina II. Kotzebue einen anderthalbjährigen Urlaub zur Herstellung seiner Gesundheit.

1790   Erneute Reise nach Pyrmont. Kotzebues Ehefrau wohnt bei seiner Mutter in Weimar.

Kotzebue verteidigt seinen Freund Zimmermann gegen die Angriffe der von diesem herabgewürdigten Aufklärer und publiziert unter dem Namen Adolph Freiherrn Knigges das Pasquill »Doctor Bahrdt mit der eisernen Stirn, oder die deutsche Union gegen Zimmermann«. Er löst damit einen enormen Skandal aus.

September: Rückkehr von Pyrmont nach Weimar.

Aus Furcht vor dem Tod seiner Ehefrau flieht Kotzebue über Mainz nach Paris.

Tod seiner Ehefrau nach der Geburt des vierten Kindes.

1791   *Januar:* Rückkehr nach Mainz.

»Meine Flucht nach Paris im Winter 1790« (autobiographische Schrift).

»Ludwig XIV. vor den Richterstuhl der Nachwelt gezogen von einem freien Franken« (anonym).

»Der weibliche Jakobinerklub« (Lustspiel).

Frühjahr: Als französischer Spion und Jakobinerfreund verdächtigt, flieht Kotzebue aus Mainz und geht nach Leipzig und Berlin. Anschließend erneuter Aufenthalt in Pyrmont. Kotzebue gibt den Nachlaß von Musäus heraus (»Nachgelassene Schriften«).

Herbst: Nach monatelangen Nachforschungen wird Kotzebues Autorschaft am »Doctor Bahrdt mit der eisernen Stirn« bekannt. Sein öffentliches Ansehen erleidet größten Schaden. Aus Furcht vor gerichtlicher Verfolgung flieht er zurück nach Rußland, wo Katharina II. die weitere Untersuchung niederschlagen läßt.

1792   Kotzebue kauft ein Rittergut bei Reval mit 42 Leibeigenen und baut es zum Landsitz Friedenthal aus.

Um sich für ein Amt in St. Petersburg zu empfehlen, publiziert Kotzebue die Abhandlung »Vom Adel« und übersetzt Werke von Katharinas Kabinettssekretär Gawrila Derschawin ins Deutsche. Die Bemühungen bleiben jedoch erfolglos.

1793   »Die jüngsten Kinder meiner Laune« (6 Bände, bis 1797).

Um seinen durch die Zimmermann/ Bahrdt/Knigge-Affäre ruinierten Ruf wieder herzustellen, publiziert Kotzebue die Flugschrift »An das Publikum«.

1795   »Unparteiische Untersuchungen über die Folgen der französischen Revolution auf das übrige Europa«.

»Armut und Edelsinn« (Lustspiel).

Heirat mit Christiane von Krusenstern, einer Schwester des Admirals, der später als Weltumsegler Berühmtheit erlangt.

1796   »Die Negersklaven« (Schauspiel).

Gegen zunehmend kritische Rezensionen seiner Romane, Erzählungen und Schauspiele setzt sich Kotzebue mit den »Fragmenten über den Rezensenten-Unfug« zur Wehr, die er als Beilage der »Jenaischen Allgemeinen Litteraturzeitung« drucken läßt.

Oktober: In den »Xenien« des Schillers »Musen-Almanachs auf 1797« wird auch Kotzebue mehrfach angegriffen.

1798   *Januar:* Übersiedlung nach Wien, wohin er als Leiter des Burgtheater berufen worden ist (bis 1799).

Am Burgtheater trifft Kotzebue bald auf wachsenden Widerstand der Schauspieler. Auf sein Gesuch hin entbindet ihn der Kaiser von der Funktion des Theaterleiters und ernennt ihn zum Hoftheaterdichter mit einem Jahresgehalt von 1000 Gulden, die er auch außerhalb des Landes erhalten solle.

Kotzebue reist aus Wien ab. Seine Fahrt durch Deutschland wird zu einem Triumphzug.

Jahresende: Ankunft in Weimar.

»Schauspiele« (23 Bände).

1799   »Über meinen Aufenthalt in Wien« (autobiographische Schrift)

Mai: Während der Leipziger Messe läßt Kotzebue seine gegen die Frühromantiker um Friedrich Schlegel gerichtete satirische Posse »Der hyperboreische Esel oder die heutige Bildung« aufführen.

1800   *April:* Um seine Geschäfte in Reval zu ordnen und seine in St. Petersburg lebenden Söhne zu besuchen, reist Kotzebue nach Rußland, wo er sich nur kurze Zeit aufhalten will.

Beim Überschreiten der Grenze nach Rußland wird er auf Grund einer Denunziation als vermeintlicher Jakobiner verhaftet und ohne Verurteilung nach Kurgan in Sibirien verbannt.

Juli: Sein zarenfreundliches Drama »Der alte Leibkutscher Peters III.« (entstanden 1799) bewirkt nach vier Monaten seine Begnadigung durch den Zaren. Über seine Verbannung berichtet Kotzebue später in »Das merkwürdigste Jahr meines Lebens« (2 Bände, 1802).

Rückkehr nach Moskau, dann nach St. Petersburg.

Zar Paul ernennt Kotzebue zum Direktor des deutschen Theaters in St. Petersburg mit dem Charakter eines Hofrats und einem Gehalt von 1200 Rubeln und schenkt ihm das in Livland gelegene Krongut Woroküll mit 400 Leibeigenen. Mit weiteren finanziellen Vergünstigungen, dem Jahresgehalt aus Wien und den Einnahmen aus seiner literarischen Produktion ist Kotzebue vermutlich der reichste Schriftsteller seiner Zeit.

1801   *März:* Nach der Ermordung von Zar Paul I. wird Kotzebue auf sein eigenes Gesuch von Zar Alexander I. aus dem Dienst entlassen. Er wird zum Kollegienrat befördert und behält sein bisheriges Gehalt als Pension bei.

April: Rückkehr nach Deutschland.

Herbst: Ankunft in Weimar.

1802   Es kommt zum Bruch mit Goethe, der Kotzebues Stück »Die deutschen Kleinstädter« inszenieren will, jedoch vergeblich vom Autor verlangt, die gegen die Brüder August Wilhelm und Friedrich Schlegel gerichteten Passagen zu streichen. Die Aufführung findet nicht statt.

»Die beiden Klingsberg« (Lustspiel).

Übersiedlung nach Berlin (bis 1806).

Freundschaft mit August Wilhelm Iffland, dem Direktor des Berliner Nationaltheaters.

1803   Kotzebue begründet die Zeitschrift »Der Freimütige«. Im Laufe des Jahres vereint er das Blatt mit Garlieb Merkels Zeitschrift »Scherz und Ernst«.

Ernennung zum Mitglied der Preußischen Akademie der Wissenschaften.

Die Angriffe auf Goethe und die Jenaer Romantiker führen dazu, daß Herzog Karl August von Sachsen-Weimar Kotzebue des Betreten seines Landes untersagt; das Verbot wird erst 1817 wieder aufgehoben.

22. März: Kotzebues Lustspiel »Die deutschen Kleinstädter« wird im Wiener Burgtheater uraufgeführt.

Tod der zweiten Ehefrau.

»Almanach dramatischer Spiele zur geselligen Unterhaltung auf dem Lande« (18 Bände, bis 1820).

1804   Nach Streitigkeiten mit Merkel kündigt Kotzebue seine Mitarbeit an der gemeinsamen Zeitschrift, die Merkel allein fortsetzt.

Reise nach Frankreich, Besuche in Lyon und Paris. Audienz bei Napoleon.

Rückkehr nach Reval.

»Erinnerungen an Paris im Jahre 1804« (autobiographische Schrift).

Heirat mit einer Cousine seiner zweiten Frau.

Hochzeitsreise über Berlin, Dresden und Wien nach Rom und Neapel. Enttäuschung über Italien. Kotzebue berichtet über die Reise in seiner Reisebeschreibung »Erinnerungen von einer Reise aus Liefland nach Rom und Neapel« (1805). »Ariadne auf Naxos. Ein tragikomisches Triodrama«. Rückkehr nach Berlin, wo er sich häuslich niederläßt.

1805 »Kleine Romane, Erzählungen, Anekdoten und Miscellen« (6 Bände, bis 1809).

1806 *Oktober:* Bei der französischen Besetzung Berlins flieht Kotzebue nach Königsberg, dann nach Reval. »Die gefährliche Nachbarschaft« (Schauspiel).

1808 »Preußens ältere Geschichte« (4 Bände). Kotzebue gibt die radikal antinapoleonische Zeitschrift »Die Biene« (1808/09) heraus, die er nach einem Jahr auf Betreiben des französischen Gesandten einstellen muß.

1810 »Theater« (56 Bände, bis 1820).

1811 Kotzebue setzt seine verbotene Zeitschrift »Die Biene« mit dem neugegründeten, ebenso antinapoleonischen Blatt »Die Grille« (1811/1812) fort.

1812 Kotzebues ältester Sohn fällt als russischer Offizier im Kampf gegen Napoleon.

1813 *1. April:* Auf Befehl des russischen Generals Graf Wittgenstein gibt Kotzebue das »Russisch-deutsche Volksblatt« (bis 29. Juni 1813) heraus, dessen Beiträge er größtenteils selbst schreibt. »Possen bey Gelegenheit des Rückzugs der Franzosen«.

1814 Kotzebue wird zum russischen Generalkonsul in Königsberg ernannt. »Politische Flugblätter« (2 Bände, bis 1816). »Geschichte des Deutschen Reiches von dessen Ursprunge bis zu dessen Untergange« (bis 1815). Im Auftrag der deutschen Buchhändler verfaßt Kotzebue eine »Denkschrift über den Büchernachdruck«, die zur Grundlage der Verhandlungen beim Wiener Kongreß über die Fragen des Verlags- und Urheberrechts wird.

1817 *April:* Kotzebue siedelt als persönlicher Berichterstatter des Zaren Alexander I. nach Weimar über und schreibt in den folgenden Jahren geheime Berichte über politische und öffentliche Ereignisse.

In Weimar gibt er das »Litterarische Wochenblatt« (2 Bände, bis 1819) heraus. Er wendet sich gegen die Demokratie, verspottet den »Turnvater« Friedrich Ludwig Jahn und macht sich bei den Liberalen unbeliebt.

17./18. Oktober: Auf dem Wartburgfest der Burschenschaften werden auf Anregung von Jahn zahlreiche Bücher, darunter auch Schriften von Kotzebue, verbrannt.

Jahresende: Durch eine Indiskretion wird einer von Kotzebues Geheimberichten an den Zaren bekannt.

1818   »Gedichte« (2 Bände).

1819   *23. März:* August von Kotzebue wird als vermeintlicher zaristischer Spitzel und wegen seiner reaktionären politischen Haltung von dem Burschenschaftler und Jenaer Theologiestudenten Karl Ludwig Sand in seiner Wohnung erstochen. Der Mord wird zum Anlaß für die Karlsbader Beschlüsse genommen, mit denen die sich schnell ausbreitende »Demagogen«-Verfolgung und eine allgemeine Verschärfung der Zensur in Deutschland beginnt.

Dekadente Erzählungen

Im kulturellen Verfall des Fin de siècle wendet sich die Dekadenz ab von der Natur und dem realen Leben, hin zu raffinierten ästhetischen Empfindungen zwischen ausschweifender Lebenslust und fatalem Überdruss. Gegen Moral und Bürgertum frönt sie mit überfeinen Sinnen einem subtilen Schönheitskult, der die Kunst nichts anderem als ihr selbst verpflichtet sieht.

Rainer Maria Rilke Die Aufzeichnungen des Malte Laurids Brigge **Joris-Karl Huysmans** Gegen den Strich **Hermann Bahr** Die gute Schule **Hugo von Hofmannsthal** Das Märchen der 672. Nacht **Rainer Maria Rilke** Die Weise von Liebe und Tod des Cornets Christoph Rilke

ISBN 978-3-8430-1881-4, 412 Seiten, 29,80 €

Erzählungen aus dem Sturm und Drang

Zwischen 1765 und 1785 geht ein Ruck durch die deutsche Literatur. Sehr junge Autoren lehnen sich auf gegen den belehrenden Charakter der - die damalige Geisteskultur beherrschenden - Aufklärung. Mit Fantasie und Gemütskraft stürmen und drängen sie gegen die Moralvorstellungen des Feudalsystems, setzen Gefühl vor Verstand und fordern die Selbstständigkeit des Originalgenies.

Jakob Michael Reinhold Lenz Zerbin oder Die neuere Philosophie **Johann Karl Wezel** Silvans Bibliothek oder die gelehrten Abenteuer **Karl Philipp Moritz** Andreas Hartknopf. Eine Allegorie **Friedrich Schiller** Der Geisterseher **Johann Wolfgang Goethe** Die Leiden des jungen Werther **Friedrich Maximilian Klinger** Fausts Leben, Taten und Höllenfahrt

ISBN 978-3-8430-1882-1, 476 Seiten, 29,80 €

Erzählungen aus dem Sturm und Drang II

Johann Karl Wezel Kakerlak oder die Geschichte eines Rosenkreuzers **Gottfried August Bürger** Münchhausen **Friedrich Schiller** Der Verbrecher aus verlorener Ehre **Karl Philipp Moritz** Andreas Hartknopfs Predigerjahre **Jakob Michael Reinhold Lenz** Der Waldbruder **Friedrich Maximilian Klinger** Geschichte eines Teutschen der neusten Zeit

ISBN 978-3-8430-1883-8, 436 Seiten, 29,80 €